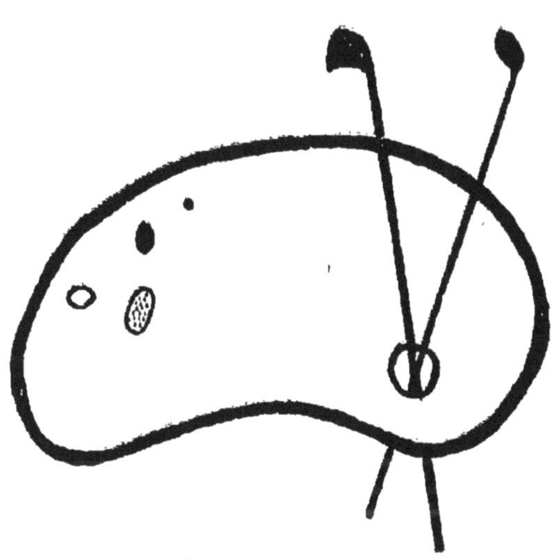

DEBUT D'UNE SERIE DE DOCUMENTS
EN COULEUR

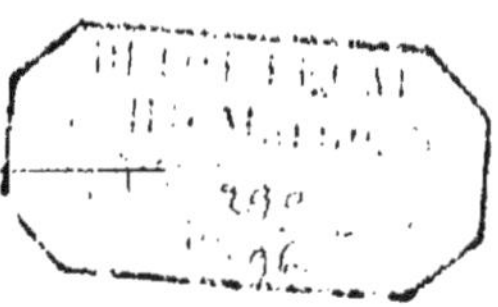

LA

CONFISCATION SPÉCIALE

EN DROIT FRANÇAIS

THÈSE POUR LE DOCTORAT

PAR

ÉMILE BOYER

AVOCAT A LA COUR D'APPEL

PARIS

LIBRAIRIE NOUVELLE DE DROIT ET DE JURISPRUDENCE

ARTHUR ROUSSEAU

ÉDITEUR

14, RUE SOUFFLOT ET RUE TOULLIER, 13

1896

Imp. G. Saint-Aubin et Thevenot. — J. Thevenot, successeur. Saint-Dizier (Hte-Marne).

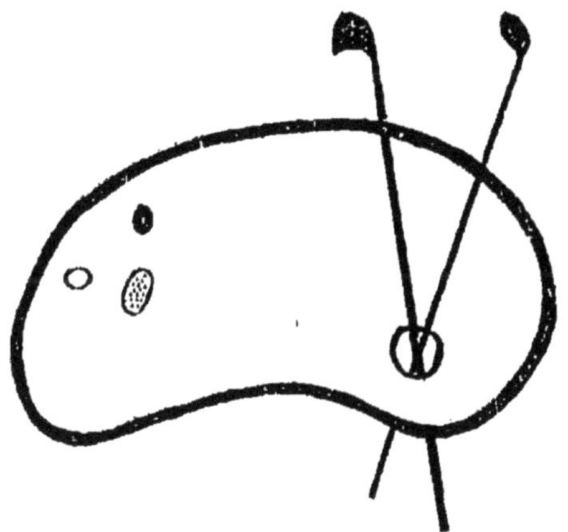

FIN D'UNE SERIE DE DOCUMENTS
EN COULEUR

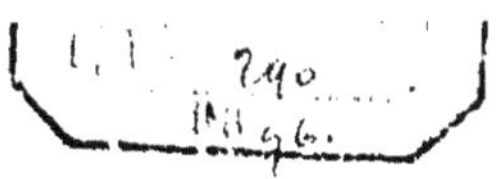

THÈSE

POUR LE DOCTORAT

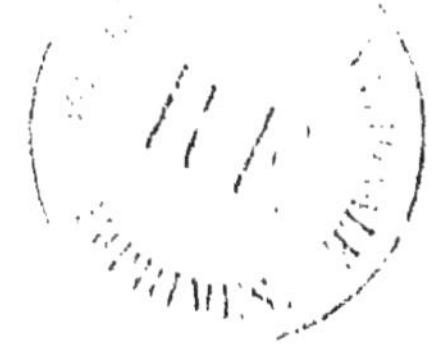

FACULTÉ DE DROIT DE PARIS

LA
CONFISCATION SPÉCIALE

EN DROIT FRANÇAIS

THÈSE POUR LE DOCTORAT

L'ACTE PUBLIC SUR LES MATIÈRES CI-APRÈS
Sera soutenu le mardi 19 mai 1896, à 2 heures 1/2

PAR

Émile BOYER

AVOCAT A LA COUR D'APPEL

Président : M. LE POITTEVIN, *professeur.*
Suffragants : { MM. PLANIOL, *professeur.*
{ SALEILLES, *agrégé.*

PARIS
LIBRAIRIE NOUVELLE DE DROIT ET DE JURISPRUDENCE
ARTHUR ROUSSEAU
ÉDITEUR
14, RUE SOUFFLOT ET RUE TOULLIER, 13
1896

LA CONFISCATION SPÉCIALE

EN DROIT FRANÇAIS

PRÉLIMINAIRES

ABOLITION DE LA CONFISCATION GÉNÉRALE

Au rang des peines destinées à atteindre le coupable dans ses biens, à côté de l'amende toutes les législations placent la confiscation.

Confisquer, c'est transférer à l'État la propriété de certains biens et ce transfert de propriété suffit à lui seul à distinguer nettement la confiscation de l'amende qui procède par création d'obligation qui rend l'État simplement créancier.

La confiscation est formellement établie par les articles 11 et 470 de notre Code pénal ; mais il ne faut pas se méprendre sur le sens que ces articles lui attribuent, non plus que sur son importance.

On a toujours distingué deux sortes de confiscation, l'une dite générale, l'autre spéciale, et très différentes l'une de l'autre.

La confiscation générale, c'est l'attribution à l'État de l'universalité des biens du condamné ou d'une quote-part de cette universalité. Elle implique non pas seulement une translation de propriété, mais aussi une sorte de succession. « Tout vivant que soit le condamné, dit M. Ortolan (*Éléments de droit pénal*, n° 1394), le fisc lui succède, c'est-à-dire est mis en sa place, dans l'ensemble de ses droits de fortune ou dans une quote-part de cet ensemble. Qu'elles soient totales ou partielles, si minime même qu'en soit la quote-part, le caractère éminemment distinctif en est toujours dans cet effet successoral ; pour le tout ou pour partie, il y a succession à une personne vivante ».

La confiscation spéciale est toute différente. Elle porte exclusivement sur un ou plusieurs objets particuliers. Ici plus d'effet successoral ; simple attribution à l'État de la propriété de choses déterminées.

Toutes les critiques ont porté sur la première de ces deux peines qui est détestable.

C'est une peine inique, qui frappe la famille du coupable en même temps que le coupable lui-même, puisqu'elle intervertit l'ordre ordinaire des successions. « Elle atteint l'innocent, à l'occasion du coupable, disait le duc de Broglie en 1828, elle l'exaspère sans motifs, le provoque au crime et tend à perpétuer les discordes civiles ». On peut d'ailleurs remarquer que l'iniquité de la confiscation ne serait pas effacée si l'on se bornait à ouvrir immédiatement la succession du condamné ; ce serait retomber, en partie du moins, dans les inconvénients de la mort civile.

C'est aussi une peine immorale. « Elle a pour effet à peu près inévitable, disait encore le duc de Broglie, d'enflammer la rapacité, l'esprit de parti et de corrompre ainsi ce qui, par soi-même, n'est déjà que trop corrupteur et trop corrompu ».

Au reste, l'histoire a montré le rôle odieux qu'a joué la confiscation générale à tous les moments de trouble. Elle fut d'un usage fréquent à Athènes : « Quand le Sénat a des fonds suffisants pour les dépenses publiques, dit Lysias, il ne fait de mal à personne ; mais quand le trésor est à sec, il est bien obligé de prononcer des confiscations ». A Rome, c'était la conséquence forcée des peines perpétuelles telles que la mort, la perte de la cité, l'esclavage. Elle frappait alors tous les biens du condamné. Elle pouvait être partielle lorsque le coupable subissait la relégation ou l'exil. Notre ancien droit criminel admet aussi la confiscation générale, mais il y eut bien des divergences entre les diverses Coutumes du Royaume.

Dans les pays de droit écrit et dans certains pays coutumiers tels que la Bretagne, le Berry, l'Auvergne, la Normandie, la Touraine, l'Anjou, la confiscation n'était reçue que pour les crimes de lèse-majesté divine et humaine, l'hérésie, le duel, la contrebande en marchandises prohibées faite par attroupement. Quelques Coutumes restreignaient la confiscation aux meubles. D'autres, parmi lesquelles la Coutume de Paris, avaient posé le principe : qui confisque le corps confisque les biens, et avaient fait de la confiscation la conséquence de toutes les condamnations capitales (V. Muyart de Vouglans, *Institutes au droit criminel*, p. 421).

L'Assemblée constituante, par la loi du 21 janvier 1790, supprima purement et simplement la confiscation générale, mais cette abolition dura peu. Les lois du 30 août 1792, du 19 mars 1793, du 1er brumaire an II et du 14 floréal an III la rétablirent contre les conspirateurs, les émigrés, les fabricants et distributeurs de faux assignats et de fausse monnaie, les dilapidateurs de la fortune publique et la famille royale.

C'était une arme que les législateurs de 1810 ne purent se résigner à abandonner. Le Code pénal maintient la confiscation pour les crimes contre la sûreté de l'État et pour le crime de fausse monnaie dans la vue seulement de fortifier le régime impérial. Les rédacteurs du Code ne se faisaient pas en effet d'illusion sur la valeur scientifique d'une pareille peine. M. Target disait notamment : « Ni la perpétuité des peines, ni la mort civile, ni l'horreur des attentats punis, rien en un mot ne peut justifier cette révoltante injustice. Qu'elle demeure donc à jamais effacée du Code de la France » (Locré, t. 29, p. 25). Il admet néanmoins la confiscation pour les crimes indiqués plus haut et essaie vainement de la légitimer en la représentant comme une juste réparation du dommage particulièrement grave que ces crimes causent à l'État.

L'un des premiers soins de la Restauration fut d'abolir la confiscation générale. Ses partisans avaient été presque seuls à en souffrir pendant la période révolutionnaire. L'article 66 de la Charte de 1814 proclame cette abolition, confirmée depuis par l'article 57 de la Charte de 1830 et par l'article 12 de la constitution du 4 novembre 1848. En conséquence, lors de la revision de 1832, le nom même de la confiscation générale fut rayé des articles du Code pénal qui la prononçaient. Elle a peu à peu disparu de toutes les législations modernes. Ce peut être, surtout dans les luttes politiques, une arme de guerre, dit M. Ortolan ; ce ne sera jamais un acte de justice.

Mais, la Charte de 1814, en supprimant la confiscation, n'avait pas en vue la confiscation d'objets particuliers que l'on appelle spéciale. Celle-ci ne présente en effet aucun des vices de la précédente ; on ne peut craindre de la voir servir à des vengeances politiques. Au surplus, si des doutes avaient pu s'élever sur ce point, ils eussent bientôt été levés. Un grand nombre de lois postérieures à la Charte frappent les délits qu'elles prévoient de la confiscation de certains objets.

C'est de cette confiscation, dite spéciale, que nous entendons parler.

CHAPITRE PREMIER

NOTIONS HISTORIQUES SUR LA CONFISCATION SPÉCIALE.

Des textes assez nombreux nous montrent que la confiscation spéciale, *commissum*, était connue à Rome ; ils l'emploient, presque tous, à la répression de délits intéressant les droits du fisc ou des concessionnaires d'un monopole. C'est qu'en ces matières, il est impossible d'arriver sans elle à une réparation exacte du trouble causé par l'infraction et il est intéressant de constater que dans les législations modernes la même peine est attachée aux mêmes délits.

Tout d'abord, la confiscation frappait les objets que l'on essayait de soustraire à l'impôt appelé *portorium*. Cet impôt analogue à nos douanes et octrois était perçu soit à la frontière des provinces, soit à l'entrée de certaines villes. Une déclaration devait être faite des objets transportés encore qu'ils fussent exempts de droits et toute fausse déclaration entraînait la confiscation des marchandises transportées : *Quum qui merces vectigali obnoxias quas advehebat non professus est, merces in commissum incidunt.*

De même la confiscation frappait les marchandises prohibées à l'entrée, et en pareil cas ce n'était pas seulement sur les marchandises que portait la confiscation mais encore sur les moyens qui avaient servi à en effectuer le transport, sur le navire par exemple : *Dominus navis si illicite aliquid in nave vel ipse vel vectores imposuerint, navis quoque fisco vindicatur* (L. 11, § 2, Paul, *Sent.*, lib. V).

Etaient confisquées aussi les marchandises vendues au mépris d'un monopole :

Le sel vendu sans l'autorisation du fermier des salines : *Si quis sine persona mancipum, id est salinarum conductorum sales emerit, vendere tentaverit, sive propria audacia sine nostro munitus oraculo ; sales ipsi cum eorum pretio mancipibus addicantur* (L. 11, C., *De vectigalibus et commissis*, liv. IV, tit. 61).

La soie importée alors que l'importation était monopolisée en faveur du *comes commerciorum : comparandi serici a barbaris facultatem omnibus sicut jam præceptum est, præter comitem commerciorum etiam nunc jubemus auferri* (L. 2, C., *Quæ res venire non possunt*, liv. IV, tit. 40).

Il est une autre hypothèse où l'on voit la confiscation intervenir dans la répression de délits intéressant les droits du fisc. La loi 1 (C., *de falsa moneta*, liv. IX, tit. 24) déclare confisquée la maison où les faux monnayeurs se réunissent pour se livrer à leur industrie. C'est pousser bien loin la sévérité, d'autant mieux que la confiscation est prononcée contre le propriétaire même lorsqu'il est innocent. Il faut toutefois qu'il ait eu connaissance du crime ou qu'habitant dans le voisinage, il n'ait rien fait pour le découvrir : *Dominus vero vel fundus in quo hæc perpetrata sunt : si dominus in proximo constitutus sit, cujus incuria vel negligentia punienda sit, etsi ignoret fisco vindicetur.*

On voit par ces exemples que la confiscation spéciale joua à Rome un rôle important dans la répression des infractions fiscales ; c'est du reste en cette matière que son usage fut le plus fréquent. On rencontre néanmoins des hypothèses où la confiscation de certains objets est prononcée comme sanction d'importantes mesures d'intérêt général.

C'est ainsi que dans le but d'empêcher la fuite fréquente des décurions effrayés par les lourdes charges de l'administration de la cité, on confisquait la maison de campagne qui leur servait de refuge (L. un., C., *Si curialis*, liv. X, tit. 37). *Curiales omnes jubemus interminatione moneri, ne civitates fugiant aut deserant rus habitandi causa, fundum quem civitati prætulerint : scientes fisco esse sociandum, eoque rure esse carituros, cujus causa impios se patriam vitando demonstraverint.*

On confisquait aussi le fonds du citoyen chez lequel des voleurs ou autres criminels s'étaient réfugiés et qui ne les dénonçait pas ou refusait de les livrer (L. 1, C., liv. IX, tit. 39). *Dominus quidem dominio privabitur.*

On confisquait enfin les biens aliénés frauduleusement pour échapper aux charges de la cité. *In fraudem civilium numerum per tacitam fidem, prædia translata fisco vindicantur* (L. 5, § 2, Dig., liv. L, tit. 1).

Les textes ne se bornent pas à énumérer des cas où la confiscation spéciale était encourue ; ils posent sur le sujet qui nous occupe des règles intéressantes dérivant toutes de ce principe que, par le seul fait du délit, la propriété des choses confisquées est acquise au fisc : *Quod commissum est statim desinit ejus esse qui crimen contraxit dominiumque rei vectigali adquiritur* (L. 14, Dig., *de publicanis*.... liv. XXXIX, tit. 4). C'est dire que la confiscation atteint plutôt les choses que les personnes et les textes appliquent cette règle avec la plus grande rigueur. Ils déclarent que la confiscation doit frapper le corps du délit en quelque main qu'il se trouve, dans la main de l'héritier du coupable, alors même que celui-ci serait mort avant la *litis contestatio* : *commissi persecutio sicut adversus quemlibet possessorem sic et adversus heredem competit* (L. 14, Dig., *de publicanis*...). Ce texte d'Ulpien est confirmé par deux autres textes de Paul et de Papinien :

Illicitarum mercium persecutio heredem quoque affligit (Paul, *Sent.*, 1. 11, § 3, liv. V). *Fraudati vectigalis crimen ad heredem ejus qui fraudem contraxit, commissi ratione transmittitur* (Papinien, L. 8, Dig., *de publicanis*...).

Il n'est pas contredit par la loi 16, § 13 du même titre où il est dit : *Pœnæ ab heredibus peti non possunt si non est quæstio mota viro eo qui deliquit et hoc sicut in ceteris pœnis ita et in vectigalibus est.* Il suffit en effet de lire l'ensemble du texte pour reconnaître qu'il s'agit ici non pas de la confiscation d'objets non déclarés, mais de la peine du triple infligée au publicain à raison d'une perception injuste.

Il n'est pas contredit non plus par le fragment de Papinien qui forme la loi 8 de notre titre : *Sed si unus ex pluris heredibus rem communem causa vectigalis subripiat, portiones ceteris non auferuntur.* Il est probable en effet que cette loi se rapporte à l'impôt sur les successions et non pas à l'impôt sur les douanes, car elle est tirée du treizième livre des *Réponses de Papinien* tout entier consacré à la quarte Falcidie.

Puisqu'il résulte des textes que la confiscation peut être prononcée contre un héritier alors même que l'auteur du délit n'a été l'objet d'aucune poursuite, qu'elle peut l'être contre tout possesseur nanti de la chose, l'eût-il volée (Quintilien. *Declam.*, 341) il semble bien qu'au moins en matière fiscale, la confiscation ne soit pas en droit romain une peine proprement dite, mais bien plutôt une mesure de police s'appliquant aux choses saisies en contravention indépendamment de toute culpabilité de leur propriétaire.

Nous aurons à déterminer le caractère de la confiscation dans notre législation fiscale actuelle. Nous y verrons cette règle que l'auteur d'une infraction fiscale ne peut exciper de sa bonne foi, protester de son ignorance. L'erreur n'est pas une excuse et cette idée se trouve exprimée déjà dans la loi 16, § 5 (Dig., *de publicanis...*). *Licet quis se ignorasse dicat nihilominus cum in pœnam vectigalis incidere divus Hadrianus constituit.* Exception était faite seulement en faveur des mineurs de 25 ans et des soldats. *Excusatur ignorantia juris quæ non excusat alios.* Un double droit remplaçait alors la confiscation.

En principe, les objets confisqués étaient vendus aux enchères publiques au profit du fisc. Un fragment de Paul qui forme la loi 11. § 4 (Dig., *de publicanis...*), nous apprend que l'ancien propriétaire conserve le droit de racheter l'objet dont la confiscation l'a dépossédé · *cum rem quæ commisso vindicata est dominus emere non prohibetur vel per se vel per alios quibus hoc mandaverit.* C'était le principe. mais dans le cas particulier où la confiscation portait sur un esclave, il était permis à son maître d'empêcher la vente en payant un certain prix. *Interdum nec vendendus est is servus qui in commissum cecidit, sed pro eo æstimatio a domino danda est* (L. 16, Dig., *de publicanis...*)

Le prix de la vente était acquis au fisc ; néanmoins un texte nous montre que le sel colporté en fraude par des faux-saulniers était remis aux fermiers des salines pour les indemniser du préjudice causé : *sales ipsi cum eorum pretio mancipibus addicantur* (L. 11, C., liv. IV, tit. 61). Il est probable qu'il devait en être de même de la soie importée au préjudice du *comes commerciorum*.

Dans notre ancien droit français et dès les premiers temps de la monarchie, on voit la confiscation de certains objets figurer parmi les peines pécuniaires établies soit par les ordonnances en matière d'impôts et de pol , soit par les lois et coutumes féodales. Les textes en donnent de nombreux exemples sans préciser d'ailleurs la nature ni les conditions d'application de la confiscation. Un édit de 630 en fait la sanction de l'observation du dimanche. Il défend de voiturer aucune chose à peine de la confiscation du bœuf attaché du côté droit. *Si quis die dominico opera servilia fecerit liber homo, si borem junxerit et cum carro ambularerit, dextrum borem perdat* (Merlin, *Répertoire*, t. V, p. 48).

En matière féodale existe un cas de confiscation particulier, la commise (*commissum*) de la tenure du vassal, du censitaire, de l'emphytéote, du bordelier en faveur du seigneur féodal. C'est une véritable peine encourue dans des cas déterminés.

La confiscation spéciale ne tarda pas à s'introduire dans la répression de certains délits qui l'imposent.

En matière de chasse on confisque dès le XIVe siècle les oiseaux, rets, filets, engins et autres instruments (Ordonnance de 1396).

L'ordonnance des eaux et forêts de 1669 multiplie les cas de confiscation. On confisque les bois plantés à moins de cent perches des forêts du Roi, les fonds à demi-lieue des mêmes forêts sur lesquels des constructions ont été élevées, les chevaux et harnais qui ont servi à l'enlèvement de terre marne, sable, extraits des forêts, les bestiaux menés à garde séparée par les usagers des domaines, la récolte des foins coupés avant la date fixée dans l'étendue des capitaineries royales, etc...

En matière fiscale, la confiscation spéciale est un peu effacée par l'excessive rigueur des peines. Elle a lieu cependant soit au profit de l'État, soit au profit de différentes personnes par concession du roi. On attribue aux traitants la confiscation de certaines marchandises prohibées (sel, tabac, etc...) et des instruments qui ont servi à les fabriquer ; on confisque les objets saisis à la suite des délits de douanes, contributions indirectes, contrefaçon, etc.

Il est très difficile de dire si dans tous ces divers cas la confiscation se présentait avec le même caractère, si elle était une peine proprement dite destinée à atteindre le coupable lui-même, ou si au contraire elle constituait une mesure de police ayant pour but de retirer de la circulation des objets nuisibles ou prohibés.

Nos anciens auteurs ne paraissent pas s'être attachés à rechercher le véritable caractère de la confiscation. Quoi qu'il en soit, une chose est certaine : la confiscation n'était pas arbitrairement prononcée, une loi seule pouvait l'établir. Il faut dès lors lui reconnaître un caractère pénal très accentué.

Quant à notre législation actuelle qui seule doit faire l'objet de cette étude, la confiscation spéciale y est d'un usage si fréquent que l'on ne peut songer à énumérer ici les divers cas où elle est encourue. Le Code pénal l'emploie en toutes matières criminelles, correctionnelles et de simple police. De nombreuses lois spéciales l'appliquent à la répression des différents délits qu'elles prévoient. On trouvera à la fin de cette étude une table que nous nous sommes efforcé de faire complète des divers textes qui la prononcent. Ce qu'il importe de dégager, ce sont les principes généraux, les règles fondamentales et leurs conséquences.

CHAPITRE II

La confiscation spéciale, avons-nous dit, consiste dans l'attribution à l'État ou à certaines personnes de la propriété d'objets déterminés. Quels sont ces objets ?

Evidemment, le choix ne saurait exister pour le juge. « Quelqu'affliction. dit M. Ortolan, qu'il soit possible de faire ressentir à l'homme par la perte de quelqu'une des choses qu'il a en sa propriété et auxquelles il peut tenir plus ou moins, comment placer la répression de la culpabilité dans un genre d'affliction qui ne peut dépendre pour son existence comme pour son étendue que d'accidents purement individuels. De ce qui recommande une affliction, comme instrument de pénalité, rien ne se rencontre ici » (*Eléments de droit pénal*, n° 1395). Mais la confiscation ne porte pas sur des choses quelconques appartenant au délinquant ; elle porte exclusivement sur des objets qui ont un rapport avec l'infraction, qui sont intervenus à quelque titre dans la perpétration du délit. Ces objets sont classés par l'article 11 du Code pénal à propos des crimes et délits et par l'article 470 à propos des contraventions de simple police. Ces deux énumérations semblent différer au premier abord ; au fond il n'en est rien, la chose saisie en contravention dont parle l'article 470, c'est le corps du délit de l'article 11 ; il n'y a là que des différences d'expressions.

Les objets qui peuvent être confisqués sont de trois sortes :

1° Les choses qui forment le corps du délit, c'est-à-dire qui en constituent l'élément matériel et physique. Ce sont, comme le dit M. Garraud (*Traité de droit criminel*, t. 1, p. 587), celles sur lesquelles le fait délictueux a été exécuté. Dans le délit de port d'arme prohibée c'est l'arme. Dans le crime de fausse monnaie, c'est la monnaie contrefaite. Ce sont encore les faux poids ou fausses mesures saisis dans les magasins ou marchés (art. 423, C. p.), les grains, vins ou boissons dont certains fonctionnaires ont fait le commerce au mépris de l'article 176 du Code pénal, etc...

Observons, en passant, qu'il ne faut pas prendre à la lettre la règle posée par l'article 11, d'après laquelle la confiscation du corps du délit ne peut avoir lieu que si le condamné est propriétaire de l'objet. Cette règle ne doit pas être prise dans des termes aussi généraux et nous montrerons plus loin quelle est sa portée. Bornons-nous à dire pour l'instant qu'elle est contredite par une foule de textes du Code pénal lui-même et des lois postérieures (Blanche, *Etudes pratiques sur le Code pénal*, t. I, p. 106).

2° Les choses produites par le délit, ce sont celles qui ont le délit pour principe, qui ont été procurées par lui. Tels sont les présents donnés pour corrompre un fonctionnaire public ou un témoin (art. 180 et 364, C. p.), les recettes réalisées par des représentations illicites (art. 421, C. p.).

Souvent les mêmes choses seront à la fois le corps et le produit du délit, en cas de contrefaçon notamment. Peu importe d'ailleurs dans la pratique pour que la confiscation s'applique aux unes comme aux autres.

Mais il faut se garder de confondre les choses produites par un crime ou un délit avec les choses que le délinquant peut s'être appropriées par son délit. Celles-ci ne seront pas confisquées, c'est l'évidence même ; les objets que le coupable s'est procurés au prix d'un vol, d'une escroquerie et que l'on retrouve entre ses mains, seront restitués à la partie lésée (Cass., 12 juin 1856, Sirey, 1856, 1, 765).

3° Les choses qui ont servi ou qui ont été destinées à commettre le délit.

Appartiennent à cette catégorie les armes ou engins qui ont servi à commettre un délit de chasse ou de pêche (l., 3 mai 1844, art. 16, l. du 15 avril 1829, art. 5), les serpes, cognées et autres instruments destinés à commettre un délit forestier (*Code forestier*, art. 146), les voitures et harnais employés par des contrebandiers (L., 22 août 1791, tit. V, art. 1ᵉʳ), le matériel employé par les contrefacteurs (l. du 6 juillet 1844, art. 49).

Tels sont les objets qui peuvent être confisqués. « Il semble bien, dit M. Garraud (*Traité de droit criminel*, t. I, p. 586), que la loi en les indiquant n'ait eu en vue que des objets mobiliers, que la confiscation d'un immeuble ne soit pas entrée dans la pensée du législateur ». Cependant, il y a des exemples de confiscations d'immeubles. Dans le cas de crime de corruption de fonctionnaires publics, l'article 180 du Code pénal déclare confisquées au profit des hospices les choses livrées par le corrupteur et la jurisprudence ne fait pas de difficulté pour appliquer cette disposition aux immeubles comme aux objets mobiliers. Un arrêt de la Cour de cassation du 10 août 1854 (*Bull. crim.*, nᵒ 254), confirme dans ces conditions la confiscation d'un immeuble et il n'y a guère de raisons pour ne pas l'approuver. Il faut dire cependant que dans notre législation la confiscation d'un immeuble est chose très rare ; nous ne croyons pas qu'en dehors de cette hypothèse, le cas puisse se présenter.

Ainsi, la confiscation ne peut porter que sur les objets énumérés par l'article 11 du Code pénal. Mais, il ne suit pas de là que, dans toute infraction, les juges peuvent ou doivent confisquer le corps, le produit et l'instrument du délit. Ce système, admis par quelques législations étrangères, n'est pas celui de notre Code. La confiscation spéciale est une peine et une peine ne peut être appliquée à un délit qu'en vertu d'un texte exprès. L'article 470 est formel. La confiscation ne sera prononcée que si le texte qui prévoit chaque infraction la prononce et l'on devra s'en tenir aux limites indiquées pour chaque cas particulier. Le juge ne pourra l'étendre sous le prétexte d'analogie d'un cas à l'autre. C'est donc en définitive à chaque texte qu'il faut se reporter pour savoir quels sont, dans le cas qu'il prévoit, les objets confiscables. Cela ne semble pas discutable; et cependant la Cour de cassation a dû bien des fois intervenir pour empêcher la confiscation d'objets ayant servi à commettre certains crimes, ceux de vol et de maraudage par exemple, confiscation que les Cours d'assises s'obstinaient à prononcer malgré le silence des textes (Cass., 21 avril 1824, *Bull. crim.*, n° 32; — 10 février 1826, n° 80; — 18 mai 1856, n° 212; — 18 mai 1844, *Journal de droit criminel*, art. 2584). Tout récemment encore, le 4 mars 1892, la Cour cassait un arrêt qui avait prononcé la confiscation de certains objets ayant servi à commettre un vol. « Attendu que la confiscation spéciale ne peut être prononcée qu'autant que la loi l'ordonne par une prescription formelle. Attendu que l'article 11 du Code pénal s'est borné à spécifier les objets auxquels cette mesure peut être appliquée dans les cas particuliers pour lesquels elle a été expressément édictée et que dans aucune de ses dispositions le Code pénal ne prescrit ou n'autorise la confiscation des objets provenant d'un vol ou celle des instruments qui ont servi à le commettre. Attendu qu'aux termes de l'article 4 du même Code, nul crime ou délit ne peut être puni des peines qui n'étaient pas portées par la loi au moment où il a été commis, Casse, etc... » (Dalloz, 1893, 1, 24).

De même et pour les mêmes motifs, une loi seule peut prescrire la confiscation, il n'appartient pas au pouvoir réglementaire de l'établir. Et cependant, bien que la jurisprudence de la Cour de cassation n'ait pas varié, de nombreux arrêts ont été rendus à ce sujet. Très souvent des maires ont cru pouvoir ordonner la saisie et la confiscation des denrées exposées sur les marchés en contravention aux règlements qu'ils avaient élaborés. Leur prétention, admise quelquefois par les tribunaux de simple police, a toujours été rejetée par la Cour suprême. « S'il appartient aux autorités municipales et administratives de rappeler les peines déterminées par les lois dans le cercle des attributions qui leur sont confiées, elles n'ont pas le droit de prononcer ou de créer d'autres peines que celles réglées par ces mêmes lois » (V. les arrêts cités par Blanche, t. VII, p. 12).

CHAPITRE III

A QUI SONT ATTRIBUÉS LES OBJETS CONFISQUÉS.

En règle, la confiscation a pour effet de transférer à l'État la propriété des objets confisqués. C'est ce qui a lieu dans le plus grand nombre des cas. L'État bénéficie des confiscations prononcées par les articles 176, 410, 472, 477, 481 du Code pénal, par les lois sur les douanes et les contributions indirectes des 22 août 1791, titre V, article 1er, 12 germinal an XIII, articles 36 à 38, 28 avril 1816, articles 19-46, 216, 2 juin 1875, article 4, par la loi du 19 brumaire an VI, articles 108 et 109, sur les matières d'or et d'argent, le Code forestier, articles 81, 146 et 198, les lois du 15 avril 1829, article 73 et du 3 mai 1844, article 16, sur la pêche et la chasse, les lois du 24 mai 1834, article 4 et du 14 août 1885 sur les détenteurs et fabricants d'armes et munitions de guerre, etc.

Les objets confisqués sont remis au greffe du tribunal de première instance lorsqu'ils sont de nature à pouvoir y être gardés. Au cas contraire, l'administration des forêts, des douanes ou des contributions indirectes adresse au directeur des domaines le bordereau des objets confisqués. Ces objets sont vendus à la diligence du receveur des domaines par lots et aux enchères. Le produit de la vente appartient à l'État.

Mais, ce n'est pas toujours l'État qui bénéficie des confiscations. Plusieurs textes les attribuent dans des cas particuliers à des établissements de bienfaisance.

C'est ainsi que l'article 4 de la loi sur la chasse du 3 mai 1844 dispose que le gibier vendu ou colporté en temps prohibé sera immédiatement livré à l'établissement de bienfaisance le plus voisin. Cette opération s'effectue en vertu d'une ordonnance du juge de paix si la saisie a eu lieu au chef-lieu du canton ou d'une autorisation du maire si le juge de paix est absent ou si la saisie a eu lieu dans une commune autre que celle du chef-lieu. Cette ordonnance ou cette autorisation est délivrée sur la requête des agents ou des gardes qui ont opéré la saisie et sur la présentation du procès-verbal régulièrement dressé. S'il y a plusieurs établissements, il convient de leur livrer à tour de rôle le gibier saisi. Si au contraire il ne s'en trouve pas dans le voisinage, le juge de paix ou le maire a le droit de faire distribuer le gibier aux pauvres de la localité en énonçant les motifs de cette mesure dans l'ordonnance par lui rendue à la suite de la saisie.

Il est à remarquer que la loi du 15 avril 1829 sur la pêche fluviale ne contient aucune disposition adju-

geant aux hospices le poisson saisi dans les divers
cas qu'elle prévoit. Elle se contente d'en prescrire la
vente (article 42). On admet cependant que lorsque
la vente n'est pas possible, le poisson saisi doit être
livré sur récépissé à l'établissement de bienfaisance
le plus voisin, en vertu d'une ordonnance ou d'une
autorisation délivrée conformément à l'article 42 de
la loi ; les formes prescrites par cet article sont d'ailleurs les mêmes qu'en matière de colportage de gibier en temps prohibé (V. Potiquet, Instruction pour
les gardes-pêche, t. III, p. 19).

Un troisième cas d'attribution aux hospices d'objets confisqués se trouve dans la loi du 27 mai 1851
ayant pour but de réprimer les tromperies sur la nature de toutes marchandises. Aux termes de l'article 5 de cette loi, lorsque les marchandises confisquées sont reconnues propres à un usage alimentaire
ou médical, le tribunal peut ordonner leur remise aux
établissements de bienfaisance.

Enfin l'article 180 du Code pénal attribue aux hospices des lieux où la corruption a été commise les
dons et présents remis à un fonctionnaire public. « Jamais, dit l'exposé des motifs, le prix honteux de la
corruption ne deviendra l'objet d'une restitution, la
confiscation en sera prononcée au profit des hospices, et ce qui était destiné à alimenter le crime tour-
nera quelquefois du moins au soulagement de l'hu-
manité » (Locré, t. 30, p. 246).

D'autres textes attribuent les objets confisqués à certaines personnes lésées par l'infraction qui a donné lieu à la confiscation. Ces textes sont les suivants :

1° L'article 429 du Code pénal qui attribue aux auteurs les éditions d'écrits, de composition musicale, de dessin, de peinture ou de toute autre production imprimée ou gravée en entier ou en partie au mépris des lois et règlements sur la propriété artistique et les recettes obtenues par la représentation illicite d'œuvres théâtrales. Les planches, moules, matrices des objets contrefaits sont en outre confisqués au profit des auteurs ;

2° L'article 3 de la loi du 9 février 1895 sur les fraudes en matière artistique. Cet article dispose que les œuvres de peinture, sculpture, dessin, gravure ou musique, sur lesquelles on a apposé ou fait apparaître frauduleusement un nom usurpé, seront confisquées et remises au plaignant ou détruites sur son refus de les recevoir ;

3° L'article 49 de la loi du 5 juillet 1844 sur les brevets d'invention d'après lequel les objets contrefaits et, le cas échéant, les instruments ou ustensiles destinés spécialement à leur fabrication doivent être remis au propriétaire du brevet ;

4° L'article 14 de la loi du 23 juin 1857 sur les marques de fabrique et de commerce qui permet au juge d'attribuer les produits confisqués au propriétaire de la marque contrefaite ou frauduleusement apposée.

Sur ces textes, quelques observations sont nécessaires.

Si l'on se reporte à l'article 429 du Code pénal, on s'aperçoit qu'il attribue aux auteurs victimes d'une contrefaçon non pas les objets contrefaits eux-mêmes, mais le « produit des confiscations ». Il est certain que le législateur avait en vue ici la somme d'argent provenant de la vente des objets reconnus contrefaits et confisqués ; et cependant personne n'accepte et ne peut accepter cette solution. Le but de la loi, en effet, est de retirer de la circulation des objets fabriqués au mépris des droits des auteurs, et on ne peut admettre que l'on replace immédiatement dans le commerce des objets que l'on vient d'en retirer. Pour que la vente eût lieu, il faudrait l'autorisation de l'auteur ; or cette autorisation fera le plus souvent défaut, l'auteur ne se souciant pas de mettre en vente sous son nom des objets dont la fabrication sera presque toujours défectueuse et qui compromettraient sa réputation. Sans son assentiment, la vente sera impossible et que fera-t-on alors des objets contrefaits ? On ne peut songer à leur destruction ; rien dans la loi ne l'autorise, rien d'ailleurs ne la justifierait. « Il est donc logique, dit M. Pouillet (*Traité de la propriété artistique et littéraire*, n° 705) qu'au lieu de demander à l'auteur la permission de vendre pour lui remettre ensuite le produit de la vente, on lui remette les objets eux-mêmes dont il fera ce que bon lui semblera ».

Ajoutons que les lois sur la propriété litté raire antérieures au Code pénal attribuaient formellement aux auteurs lésés les objets confisqués eux-mêmes et non pas le prix de leur vente. L'article 3 de la loi du 19 juillet 1793 dit textuellement que les officiers de paix seront tenus de faire confisquer au profit des auteurs tous exemplaires des éditions éditées sans la permission des auteurs. L'article 42 du décret du 5 février 1810 portait de même que les exemplaires contrefaits sont confisqués au profit de l'auteur. La jurisprudence, sans s'attacher à la lettre de l'article 429, a toujours observé l'intention évidente du législateur et les lois postérieures rendues sur des matières analogues en 1844 et 1857 ont confirmé cette interprétation si naturelle qu'on ne saurait en admettre une autre.

Il convient aussi de noter qu'à la différence de ce qui se passe en matière de propriété littéraire et de brevets d'invention, où la confiscation est obligatoire, l'article 14 de la loi sur les marques de fabrique du 23 juin 1857 laisse aux juges la faculté de prononcer ou de ne pas prononcer la confiscation des objets revêtus d'une marque contrefaite. L'exposé des motifs justifie cette différence de la manière suivante : « Il se peut que d'une part le dommage causé au tiers par le délit soit de peu d'importance et que d'autre part la confiscation soit de nature à entraîner la ruine du délinquant ou à compromettre les intérêts des

créanciers. Toute latitude doit être laissée au juge
sur ce point ». (Rendu, *Codes de la propriété industrielle, Marques de fabrique et de commerce*, t. III,
n° 233.)

Ces raisons, on pouvait les alléguer dans tous les
cas de confiscation et notamment dans celui de contrefaçon d'inventions brevetées. Il vaut mieux dire
qu'ici la fraude ne gisant pas dans l'objet lui-même
mais se trouvant tout entière dans la marque apposée,
la destruction de cette marque suffira presque toujours à donner satisfaction au plaignant. « On pouvait
donc s'en référer à l'appréciation des magistrats qui
ne l'ordonneront que dans les cas où elle paraîtra indispensable pour assurer la réparation du dommage. »
(Bédarride, *Comment. des lois sur les marques de fabrique*, t. III, n° 955.)

La même loi de 1857 présente une autre singula-
rité. Lorsque les objets revêtus d'une marque contrefaite sont confisqués en vertu de l'article 14 de la loi,
la confiscation n'est pas dans tous les cas, comme en
matière de brevets et de contrefaçon littéraire ou artistique, ordonnée au profit de la partie lésée. « Aussi
bien il y a des cas, dit M. Pouillet dans son *Traité
des marques de fabrique*, n° 281, par exemple s'il s'a-
git d'objets introduits en France contrairement à l'article 19 et portant l'indication d'un nom français ima-
ginaire où il n'y a pas de partie lésée pour recevoir
l'objet confisqué. Le tribunal peut assurément ordon-

ner la remise des marchandises confisquées à la partie lésée s'il y en a une et si elle se présente au procès, mais il peut aussi sans enfreindre la loi ne pas
ordonner cette remise et prononcer la confiscation
qui profite alors au Trésor. » (V. Pouillet, *Marq. de
fabr.*, nos 315 et suiv. ; Bédarride, *Marq. de fabr.*,
n° 992.)

Ajoutons qu'en fait lorsque le propriétaire de la
marque usurpée sera au procès, les tribunaux pro-
nonceront la confiscation à son profit.

La loi du 9 février 1895 sur les fraudes en matière
artistique appelle aussi une observation. Cette loi
tend en matière artistique au même but que la loi du
28 juillet 1824 en matière industrielle et commerciale. Toutes deux sont relatives aux altérations ou
suppositions de noms. Mais, à la différence de la loi
de 1824 qui renvoie pour la confiscation à l'article 423
du Code pénal, la loi de 1895 attribue à la partie
lésée les objets confisqués. Il en résulte une bizarre-
rie regrettable ; voilà ainsi deux cas identiques régis
par des règles différentes.

Des conflits peuvent s'élever au sujet de l'attribution des objets confisqués.

Il est possible par exemple que l'administration
des douanes réclame la confiscation d'objets contrefaits saisis par ses préposés. Il a été jugé et fort justement que la prétention de l'administration ne devait
pas être admise. Les lois sur la contrefaçon attri-

buent en effet sans distinction aux auteurs, brevetés et propriétaires de marques les objets contrefaits. D'ailleurs la confiscation ne serait d'aucune utilité pour l'administration des douanes; que ferait-elle des objets confisqués? Le débat a été tranché en ce sens par le tribunal correctionnel de Pontarlier le 25 juillet 1835 (Dalloz, 1835, 3, 114). On pouvait croire la question définitivement jugée. Néanmoins, l'administration des douanes l'a portée de nouveau devant le tribunal correctionnel de Bayonne le 27 novembre 1893 en se basant sur ce fait que l'article 15 de la loi du 11 janvier 1892, qui prohibe à l'entrée et au transit certaines marchandises, avait abrogé les dispositions de la loi de 1857. Le tribunal a repoussé cette thèse, mais il a réservé la question de savoir à qui la confiscation doit profiter et a renvoyé les parties devant le tribunal civil (Pataille, *Annales*, 1894, p. 313). Nous avons cherché en vain la décision de ce tribunal, mais nous ne doutons pas que la prétention de l'administration des douanes ne soit rejetée.

La loi du 9 février 1895 peut amener un autre conflit. Il peut en effet y avoir deux plaignants dans un procès en apposition frauduleuse d'un nom usurpé, l'artiste dont le nom a été effacé et celui dont le nom a été ajouté. A qui profitera la confiscation? La loi est muette sur ce point. Le rapporteur, M. Julien Goujon, résout la question en faveur de l'artiste dont le nom est effacé parce que c'est lui en somme qui

est l'auteur véritable et qu'il pourra au besoin réta-
blir sa signature. La solution nous semble exacte,
mais il faut alors reconnaître aux autres plaignants
le droit d'exiger la destruction de leur signature
frauduleusement apposée (V. *Journ. off.*, 1894 ;
Chambre, *Annexes*, p. 1059).

Nous avons parlé incidemment de la destruction
des marques de fabrique contrefaites, mesure obligatoire même au cas où les juges s'abstiennent de
prononcer la confiscation des objets qui en sont
revêtus. Les lois de 1857 et de 1895 ne sont pas les
seuls textes qui prescrivent la destruction des choses
confisquées. On comprend en effet qu'en raison du
danger que présente la possession de certaines choses, le législateur ait tenu à en assurer la disparition
dans l'intérêt de la morale ou de la santé publiques.

C'est dans ce but que l'article 423, § 2, du Code pénal ordonne le bris des faux poids et fausses mesures,
l'article 477 l'épandage des boissons falsifiées, la
mise sous le pilon des écrits ou gravures contraires
aux bonnes mœurs, la destruction des comestibles
gâtés, corrompus ou nuisibles.

La destruction des armes prohibées est ordonnée
par la loi du 24 mai 1834 et spécialement en matière
de chasse par l'article 16 de la loi du 3 mai 1844.
Dans le même ordre d'idées, l'article 41 de la loi sur
la pêche fluviale du 15 avril 1829 prescrit la destruction des engins prohibés en matière de pêche.

Il est évident que la destruction ne saurait être ordonnée que dans les cas où elle est formellement prescrite. Elle ne peut en outre avoir lieu qu'en exécution d'un jugement de condamnation passé en force de chose jugée. Ceux qui opèrent la saisie doivent se borner à déposer les objets au greffe du tribunal et ne peuvent jamais se permettre d'en opérer la destruction par anticipation.

Pour la destruction des armes, les préposés des domaines doivent demander l'intervention d'un armurier et à son défaut d'un artisan ou autre personne compétente, de manière que l'opération puisse être faite sans aucun danger (arrêté du 10 septembre 1874).

On admet généralement que l'auteur ou le breveté victime d'une contrefaçon peut demander au lieu de l'attribution des objets contrefaits la destruction pure et simple de ces objets au cas où il estime qu'il n'en pourrait tirer aucun parti. Les tribunaux devront faire droit à cette demande. Si des doutes sérieux avaient pu s'élever sur ce point, la loi du 9 février 1895 serait dans notre sens un argument des plus forts. L'article 3 de cette loi porte en effet que les objets délictueux seront détruits si le plaignant refuse de les recevoir. Il n'y a pas de raison pour ne pas généraliser cette solution ; mais la mesure légale est toujours la confiscation et c'est le plaignant seul qui pourra demander la destruction ; le contrefacteur ne

pourrait en aucun cas prendre l'initiative en détrui-
sant lui-même les objets saisis. Un arrêt de la Cour
de Paris du 15 mars 1882 (Pat., *Ann.*, 1884, 359)
décide en ce sens que le fait par le détenteur d'objets
contrefaits de les détruire au mépris d'une saisie
opérée par le propriétaire de l'œuvre originale ne
saurait empêcher les juges de reconnaître et de punir
la contrefaçon. Ils ne sauraient se borner à donner
acte de cette destruction alors qu'il est certain qu'elle
porte atteinte aux droits absolus du propriétaire et
lui cause un préjudice puisqu'il a le droit de bénéficier
de la confiscation des objets contrefaits.

On voit ainsi que les objets confisqués n'ont pas
tous la même destination, que si en principe et par
définition la confiscation est l'attribution au fisc de
certaines choses saisies à l'occasion d'un délit, il n'y
en a pas moins nombre d'hypothèses où les objets
confisqués ne profitent pas au Trésor. En résultera-
t-il des singularités dans le caractère de la confiscation? C'est ce qu'il convient de rechercher maintenant ; cette matière n'est pas sans difficulté.

CHAPITRE IV

QUEL EST LE CARACTÈRE DE LA CONFISCATION SPÉCIALE

Si l'on se reporte aux articles 11 et 464 du Code pénal, textes fondamentaux en la matière, la confiscation spéciale apparaît avec un caractère exclusivement pénal. Aux termes de l'article 11, la confiscation est une *peine* commune aux matières criminelles et correctionnelles et l'article 464 la fait aussi figurer parmi les *peines de simple police*. Ainsi, à n'en pas douter, la confiscation spéciale présente un caractère pénal, et on en a déduit, avec beaucoup de raison, qu'elle ne peut être prononcée qu'en vertu d'un texte exprès dans les cas et relativement aux objets indiqués par la loi et à l'occasion d'une infraction constatée. Pas de peine sans texte. On en a conclu encore que le pouvoir réglementaire quel qu'il soit est impuissant à l'ordonner.

Néanmoins, au simple examen des textes, on s'aperçoit vite que si la confiscation présente toujours un caractère pénal, ce caractère s'affaiblit parfois au point de s'effacer presque complètement. Ne rencontre-t-on pas fréquemment dans le Code de 1810 et dans les lois postérieures des prescriptions qui seraient inexplicables si la confiscation était toujours et uniquement une peine ?

C'est ainsi que la confiscation est prononcée indépendamment de toute condamnation par l'article 10 de la loi du 22 août 1791 sur les douanes, par l'article 109 de la loi du 19 brumaire an VI sur la garantie des matières d'or et d'argent ; par les articles 34 et 38 du décret du 1er germinal an XIII sur la fabrication des poudres de guerre ; qu'elle peut être ordonnée contre des délinquants restés inconnus (l. du 3 mai 1844, article 16) ; qu'elle peut l'être contre le délinquant alors même qu'il ne serait pas propriétaire de l'objet saisi (articles 286, 287, 410 du Code pénal).

Une peine ne frappant jamais qu'un délinquant reconnu coupable, il est impossible d'accepter sans réserve le principe posé par l'article 11 du Code pénal. On se trouve tout naturellement amené à dire que la confiscation n'est pas toujours une peine proprement dite, qu'au caractère pénal qui lui est si formellement imprimé par la loi vient souvent s'ajouter un autre caractère qui l'efface en partie. Quel est ce caractère et quand intervient-il ?

Parmi les objets que la confiscation peut atteindre, il en est qui ne présentent par eux-mêmes rien d'illicite ni de dangereux. La confiscation offrira alors tous les caractères d'une peine complémentaire s'ajoutant à une condamnation principale; elle équivaudra, comme on l'a dit, à une amende payée en nature. Nous serons alors dans les termes des articles 11 et 464.

Mais la confiscation peut aussi frapper des objets dont la possession est illicite en elle-même ou constitue un véritable danger pour la sûreté, la salubrité ou la moralité publiques.

On conçoit que la confiscation de pareilles choses sera plutôt une mesure d'ordre public qu'une peine, qu'elle frappera la chose plus que la personne du délinquant. Comme le dit Blanche (t. 1, p. 105) « elle punit plus la chose qu'elle adjuge à l'Etat que l'accusé ou le prévenu qu'elle n'atteint même pas si la chose ne lui appartient pas ».

Cette distinction, sans laquelle il serait impossible de concilier entre eux des textes qui à première vue paraissent inconciliables, est adoptée par tous les auteurs (Molinier, *Traité théorique et pratique de droit pénal*, t. 1, p. 473 ; Margin, *Traité de l'action publique et de l'action civile*, t. 11, p. 280 ; Lainé, *Traité élém. de droit criminel*, p. 325 ; Garraud, t. 1, p. 588 ; Pouillet, *Tr. de la propriété artist. et littér.*, n° 699). Il n'y en a pas moins bien des difficultés.

On reconnaît très généralement le caractère de peine pécuniaire proprement dite à la confiscation des présents offerts dans un but de corruption à un fonctionnaire public ou à un témoin (articles 180 et 304 du Code pénal), à la confiscation des grains, vins et boissons dont il est interdit à certains fonctionnaires de faire le commerce (article 176), des meubles et effets mobiliers garnissant les salles de jeu (article 410), des instruments ayant servi à commettre un délit forestier (article 198 du Code forestier), des armes et engins non prohibés en matière de chasse et de pêche (l. du 15 avril 1829 et du 3 mai 1844, article 16). Dans toutes ces hypothèses, la confiscation portant sur des objets dont la possession n'a, en elle-même, rien d'illicite, les règles du droit pénal d'après lesquelles aucune peine ne peut être infligée qu'au seul coupable s'appliquent dans toute leur étendue.

Au contraire, le caractère pénal de la confiscation s'efface dans d'autres espèces pour faire place à celui de mesure de police ou d'ordre public. Ces espèces sont très nombreuses. Confiscation des faux poids et fausses mesures et des instruments, ustensiles et costumes destinés à l'exercice du métier de devin (article 481 du Code pénal), des écrits ou gravures contraires aux mœurs (art. 477), des différents objets énumérés par les articles 324, 410, 413, 423, 472 et 477 du même Code, des marchandises prohibées à l'entrée (l. 22 août 1791), des ouvrages marqués de faux poinçons (l. 19 brumaire an VI), des poudres de guerre (décret, 1er germinal an XIII, art. 34 et 38), des bois en matière forestière (art. 81, § 2, 103, 146, 154, Code forestier), du gibier colporté ou vendu en temps prohibé (l. 3 mai 1844, art. 4), des engins prohibés de pêche ou de chasse, des denrées et boissons nuisibles à la santé (l. 27 mai 1851, art. 1 et 5). Ici, nous le verrons, certaines règles propres aux peines devront être écartées.

Y a-t-il lieu de distinguer une troisième classe de confiscations, de mettre à part les confiscations qui servent de sanction aux délits de contrefaçon et aux infractions fiscales, et qui, pour beaucoup, se présenteraient avec un nouveau caractère, celui d'indemnité ou de réparation civile envers le fisc ou les personnes lésées par la contrefaçon? Nous ne le croyons pas. Pour nous, la distinction qui vient d'être faite entre la confiscation peine proprement dite et la confiscation mesure de police suffit parfaitement à éclaircir le sujet et à aplanir les difficultés. Le caractère de réparation civile que l'on s'est efforcé à grand'peine de dégager de certains textes est tout superficiel; il ne touche en rien au fond du sujet et le complique sans profit. Nous espérons le montrer en examinant successivement les deux séries d'hypothèses bien distinctes où l'on a voulu attribuer à la confiscation le caractère dominant d'indemnité.

En matière fiscale, nous retrouvons, à propos de la confiscation, la controverse célèbre sur la nature des amendes prononcées par les lois sur les douanes, contributions indirectes et octrois. La jurisprudence, qui voit dans l'amende fiscale une simple réparation civile, reconnaît le même caractère aux confiscations qui en sont l'accessoire. Ici toutefois se présente une observation importante.

Aucun doute ne s'est jamais élevé sur la nature de la confiscation, lorsqu'elle porte sur des marchandises *prohibées* par les règlements sur les douanes ou les contributions indirectes. Elle a en effet pour but de retirer de la circulation des objets dont la possession est illicite en elle-même et tout le monde admet qu'elle constitue alors une mesure de police ou d'ordre public. La discussion n'existe qu'en dehors de cette hypothèse.

Nous n'entrerons pas ici dans les détails bien connus de la controverse ; nous nous contenterons de résumer les principaux arguments de la jurisprudence.

On sait que l'article 20 du titre XIII de la loi des 6-22 août 1791 et l'article 35 du décret du 1er germinal an XIII concernant les droits réunis déclarent les propriétaires des marchandises *civilement* responsables du fait de leurs facteurs, agents ou domestiques en ce qui concerne les droits, confiscations, amendes et dépens ; s'il en est ainsi, nous dit-on, n'est-ce pas que l'on entend enlever à la confiscation son caractère de peine pour en faire une simple réparation civile? D'autres arguments sont tirés du décret du 4 germinal an II, titre XIII, article 8 et de la loi du 28 avril 1816, titre V, article 56, attribuant aux cours prévôtales connais-

sance des délits de douanes. Cet article abrogé en
1818 porte qu'il sera statué sur les *condamnations
civiles* telles que *confiscation*, amende et dommages-
intérêts.

Outre ces arguments tirés des textes, la jurisprudence fait valoir en faveur de son opinion :

D'abord que l'action publique étant intentée en
cette matière par les administrations financières et
non par le ministère public, les amendes et confiscations requises par elles doivent être considérées comme des indemnités bien plus que comme des peines.

Et en second lieu que les administrations ont le
droit, comme de simples particuliers, de transiger
avec le délinquant sur l'amende et les confiscations,
droit qui serait inexplicable si l'amende et les confiscations conservaient un caractère pénal.

Forte de ces arguments, la Cour de cassation maintient invariablement son système. Pour elle, la confiscation des objets non prohibés introduits sans paiement des droits et des moyens de transports qui ont
servi à opérer l'introduction, n'est plus uniquement
une peine, mais bien plutôt une réparation civile, et
si la question de savoir quelle est la nature des amendes et confiscations fiscales se discute encore en théorie, elle ne se discute plus en pratique. Le principe
de l'assimilation de ces confiscations à des indemnités est posé par presque tous les arrêts rendus sur la
question et il n'y a un peu d'indécision que lorsqu'il
faut déterminer les applications du système.

La très grande majorité des auteurs résiste cependant, et avec raison croyons-nous, à la théorie soutenue par la Cour de cassation.

Si le législateur a accordé à l'administration des douanes et à celle des contributions indirectes le droit de poursuivre les délinquants, c'est qu'il a voulu assurer aux droits du Trésor une protection plus efficace. Il a considéré que ces administrations étaient mieux à même d'apprécier l'utilité des poursuites que le ministère public, qui aurait pu hésiter quelquefois à mettre la justice en mouvement pour des délits de minime importance. D'ailleurs la même disposition ne se retrouve-t-elle pas dans le Code forestier ? Et personne cependant ne voit des réparations civiles dans les amendes et confiscations qu'il édicte.

Quant au droit de transaction, il ne suppose pas non plus une modification du caractère des amendes et confiscations fiscales. Il s'imposait en une matière où le juge ne peut accorder de circonstances atténuantes et où des peines d'une sévérité implacable sont appliquées sans mesure, que le délinquant soit de bonne ou de mauvaise foi. Au surplus ne voit-on pas transiger sur l'emprisonnement comme sur l'amende? On ne peut dire cependant que l'emprisonnement présente le caractère d'indemnité.

Il reste les textes. L'article 20 du titre III de la loi de 1791 porte textuellement, il est vrai, que les propriétaires de marchandises sont *civilement* responsables ; mais on fait remarquer que l'article 35 du décret du 1er germinal an XIII, qui reproduit mot pour mot cet article, ne reproduit pas cependant le mot *civilement* et que l'article 8 du titre III du décret du 4 germinal an II se contente de dire que les fermiers et régisseurs seront *solidaires* des conducteurs pour les amendes. Il est donc certain que le législateur n'a pas attaché à l'expression *civilement responsables* le sens précis que la Cour de cassation lui reconnaît, qu'il a voulu écrire *responsables pécuniairement*, de sorte que le système de la jurisprudence est construit par elle de toutes pièces et ne répond pas au vœu de la loi. Aussi croyons-nous, avec la très grande majorité des auteurs, que les confiscations édictées en matière fiscale sont de véritables peines lorsqu'elles portent sur des objets non prohibés.

Si maintenant nous passons aux confiscations édictées contre les contrefacteurs par les articles 427 et 429 du Code pénal sur la propriété littéraire et artistique, les lois du 28 juillet 1824 et du 9 février 1895 sur les altérations et suppositions de noms en matières commerciale et artistique, la loi du 5 juillet 1844 sur les brevets d'invention, et par la loi du 23 juin 1857 sur les marques de fabrique et de commerce, nous nous trouvons au milieu des plus grandes difficultés. Ces difficultés tiennent surtout à ce que les commentateurs du Code pénal se sont bornés à indi-

quer quelques points de vue généraux sur la confiscation et aussi à ce que les commentateurs des lois
spéciales sur la contrefaçon n'ont examiné la confiscation qu'au point de vue de leur sujet spécial. Quant
à la jurisprudence, ses décisions contradictoires n'ap-
portent sur ce point aucune lumière, ce sont trop souvent des décisions d'espèces dépourvues de toute valeur théorique.

Un très grand nombre d'interprètes pensent que
l'attribution des objets confisqués à la partie lésée a
pour effet de transformer la confiscation en une simple réparation civile. C'est en quelque sorte une
avance sur les dommages-intérêts que doit obtenir
l'auteur ou le breveté. Ce principe, dit-on, a été pro-
clamé et législativement consacré lorsque les lois de
1844 et de 1857 punissant les atteintes à la propriété
industrielle ou manufacturière ont prononcé la confiscation des objets contrefaits en ajoutant immédiatement qu'il y aurait remise au propriétaire du brevet ou de la marque. Les termes mêmes des textes ne
laissent aucun doute sur le caractère de réparation
civile attribué à la confiscation. L'article 429 du Code
pénal porte en effet que le produit des confiscations
ou les recettes confisquées seront remis au propriétaire pour *l'indemniser d'autant du préjudice qu'il
aura souffert.* De même l'article 49 de la loi du 5 juillet 1844 déclare que les objets confisqués seront remis
au propriétaire du brevet *sans préjudice de plus am-*

ples dommages-intérêts s'il y a lieu. L'article 14 de la loi du 23 juin 1857 est rédigé dans les mêmes termes. Le tribunal peut ordonner que les produits confisqués seront remis au propriétaire de la marque contrefaite ou frauduleusement apposée *indépendamment de plus amples dommages-intérêts.* « Pouvait-on plus énergiquement exprimer, écrit M. Bédarride, que la remise des objets confisqués n'était faite qu'à ce titre et pouvait n'être suivie d'aucune autre réparation ». (*Comment. de la loi du 6 juillet* 1844, n° 654.)

Au surplus les deux lois de 1844 et 1857, en édictant la confiscation même en cas d'acquittement, montrent bien que la confiscation ainsi établie n'est plus considérée comme une peine, qu'elle devient principalement une réparation du dommage causé au propriétaire de la marque ou du brevet.

Cette opinion est très généralement admise en matière de contrefaçon d'inventions brevetées et de marques de fabrique. Ici, pas de discussion. Tous les auteurs et une jurisprudence constante attribuent à la confiscation le caractère dominant de réparation civile (Nouguier, n° 1014 ; Blanc, *Traité de la contrefaçon,* p. 677 ; Bédarride, *Comment. des lois de* 1844 *et de* 1857, n° 654 et 958 ; Rendu, *Codes de la propriété industrielle,* t. II, n° 233 et 234 ; Cass., 22 juin 1860, Dalloz, 1860, 1, 292 ; 29 juin 1874, Dalloz, 1874, 1, 12 ; 13 avril 1877, Dalloz, 1877, 1, 401).

Il n'en est plus de même lorsqu'il s'agit de fixer le

caractère de la confiscation en matière de contrefaçon d'œuvres d'art ou d'esprit. Un très grand nombre d'auteurs et la Cour de cassation elle-même soutiennent qu'en ce cas particulier la confiscation est une véritable peine et tirent de ce principe toutes les conséquences qu'il comporte. La difficulté tient à ce que les articles 427 et 429 du Code pénal, comme d'ailleurs la loi du 9 février 1895, à la différence des lois sur les brevets d'invention et les marques de fabrique, ne disent pas expressément que la confiscation des objets reconnus contrefaits et des instruments qui ont servi à leur fabrication sera prononcée même en cas d'acquittement. Dès lors, dit-on, c'est dans le Code pénal qu'il faut rechercher le caractère de la confiscation, et ce caractère, aux termes de l'article 11, est celui de peine.

Cette opinion a été soutenue avec une grande force devant la Cour de cassation par M. l'avocat général Nouguier. Voici ses conclusions reproduites dans Dalloz (1847, 1, 170) :

« Quand la loi du 29 juillet 1793 remplaçait l'emprisonnement, l'amende, la mise au pilori par la confiscation, elle n'en conservait pas moins un caractère pénal soit pour la généralité de ses dispositions, soit pour l'unique répression qu'elle maintenait, la confiscation. Cette confiscation était sans doute particulière, puisqu'elle attribuait les objets confisqués aux auteurs, mais de ce qu'elle était complexe, elle

ne perdait pas par suite d'une disposition addition-
nelle d'attribution le caractère d'une disposition principale de répression. Si, dans son origine, quelques
doutes se sont élevés, ces doutes ont fait leur temps.
Un arrêté interprétatif du 29 messidor an VII, rendu
au rapport de Cambacérès, les dissipe définitivement
en disant en termes exprès que c'est une loi de répression, que son exécution doit être poursuivie
devant les tribunaux correctionnels, que la confiscation prononcée par elle est une peine. La Cour de
cassation, par un arrêt du 12 frimaire an IX, l'a décidé
ainsi, conformément à un réquisitoire de Merlin plein
de science et d'autorité :

« Le Code de 1810 a-t-il innové à cet égard ? Non
sans doute. Son article 11 a déclaré peine la confiscation. Plus tard, au chapitre de la contrefaçon, il a
édicté une pénalité de plus, l'amende, et a maintenu
à la confiscation son double caractère ; mais il y a
cela de particulier qu'il distingue avec soin pour éviter
toute confusion. Dans l'article 427, il parle uniquement des peines et comprend dans le nombre la confiscation. Dans l'article 429, il s'occupe des dommages-intérêts et fait connaître l'emploi qu'il faut faire
des objets confisqués. Il confirme énergiquement par
cette distinction cette pensée que quand l'emploi
prévu est impossible la confiscation reprend son caractère ordinaire et s'exécute au profit de l'État selon
le principe de nos lois. Du reste, l'exposé des motifs,

les rapports présentés lors de la discussion du Code
de 1810 ne laissent pas cette question indécise. Quelques citations, empruntées à ces documents législa-
tifs, le démontreraient d'une manière évidente ; un
seul doit suffire. L'orateur du gouvernement disait
en effet : la confiscation et l'amende ne tournent
jamais au profit de l'État qu'après que la partie a été
entièrement indemnisée ».

De nombreux arrêts ont accepté cette théorie et en
ont tiré des conséquences fort graves. Ils déclarent
très nettement que la confiscation édictée par les
articles 427 et 429 du Code pénal étant une peine ne
peut être prononcée qu'à la suite d'une condamnation,
qu'elle ne peut frapper un prévenu acquitté à raison
de sa bonne foi. C'est ce qui ressort avec évidence des
arrêts de la Cour de cassation du 5 juin 1847 (Dalloz,
1847,1,170), du 18 juin 1847 (Pataille, *Annales*, 1808,
p. 318). La Cour de Paris a rendu sur cette question
des arrêts contradictoires. Les plus récents considé-
rent la confiscation comme une véritable peine
(12 avril 1862, Pat., *Ann.*, 1862, p. 228 ; — 27 mars
1868, Pat., *Ann.*, 1868, p. 329). Bien que très vivement critiquée, la Cour de cassation n'abandonne
pas sa doctrine ; elle s'est prononcée le 29 décembre
1882 dans des termes qui ne laissent aucun doute sur
ses convictions (Pat., *Ann.*, 1884, p. 366) :

« Attendu que si, aux termes de l'article 49 de la
loi du 5 juillet 1844, la confiscation des objets recon-

nus contrefaits doit être prononcée même en cas
d'acquittement contre le contrefacteur, le recéleur,
l'introducteur ou le débitant, c'est là une disposition
exceptionnelle qui ne s'applique qu'en matière de
brevets d'invention et doit être restreinte aux cas expressément prévus par cette loi ; que lorsqu'il s'agit
de la contrefaçon artistique ou littéraire réprimée et
punie par la loi du 19 juillet 1793 et par les articles 425 et suivants du Code pénal, ce sont les principes et les règles du droit commun qui doivent être
observés.

« Attendu que la première condition exigée par la
loi pour qu'une peine puisse être prononcée, c'est
que le prévenu soit déclaré coupable du délit qui lui
est imputé ; que la confiscation d'après l'article 11 du
Code pénal étant une peine, ne saurait être ordonnée
dans le cas où, comme dans l'espèce, l'auteur et le
complice du délit sont renvoyés des poursuites l'action
publique et l'action civile étant déclarées éteintes par
la prescription, Rejette, etc.... ».

Cet arrêt est de la plus haute importance ; il condamne la théorie soutenue par les principaux commentateurs des lois sur la propriété littéraire, théorie
d'après laquelle la confiscation prononcée en vertu
des articles 427 et 429 du Code pénal est une pure
indemnité. « On pouvait croire, dit M. Pataille (*Ann.*,
1884, p. 366) la jurisprudence bien établie sur ce
point à savoir qu'en matière de propriété artistique

et littéraire comme en matière de propriété industrielle, la confiscation était moins une peine qu'une
réparation civile, d'où la conséquence qu'elle pouvait
être prononcée même en cas d'acquittement ». Or
l'arrêt de 1884 contredit toute cette jurisprudence.

Il faut dire que cette conséquence admise par la
Cour de cassation ne l'est pas par la plupart des auteurs qui font cependant dominer ici le caractère pénal de la confiscation. Frappés des inconvénients d'un
système qui aurait pour effet de rendre presque illusoire la répression de la contrefaçon, ils en sont arri-
vés à distinguer la *confiscation* de la *remise* des objets
confisqués.

« La confiscation, dit M. Blanc (*Tr. de la contrefaçon*, p. 466), est une condamnation essentiellement
correctionnelle et qu'il faut distinguer avec soin de la
remise des objets saisis accordée au propriétaire aux
termes de l'article 429 du Code pénal. La confiscation
ne peut être prononcée que par les tribunaux correctionnels et doit l'être toujours et dans tous les cas
quand le délit est déclaré constant et même dans le
cas où le ministère public ne l'aurait pas requise ».

« La confiscation, dit M. Rendu (n° 855), ne doit pas
être confondue avec la remise des objets contrefaits
que le tribunal civil peut accorder au propriétaire à
titre d'indemnité, tandis que la confiscation est égale-
ment une peine qui ne peut être prononcée qu'en cas
de condamnation par un tribunal correctionnel ».

« Dans la pratique, dit M. Renouard, les tribunaux, lorsqu'ils ne statuent que civilement, doivent prononcer non la confiscation, mais la remise au propriétaire des objets confisqués » (*Droits d'auteur*, t. II, n° 254).

(Dans le même sens, voir Gastambide, n° 183, Calmels, n°* 647 et suivants.)

Grâce à cette distinction, on écarte les conséquences fâcheuses qui se présentent nécessairement, lorsqu'on attribue à la confiscation un caractère purement pénal. Il est cependant bien difficile de l'admettre. Elle n'est écrite nulle part dans la loi et, de l'aveu de M. Renouard lui-même, elle ne sera la plupart du temps que nominale : « La remise pourra souvent, dit-il, arriver aux mêmes résultats que la confiscation ; mais de même qu'il faut respecter les formes comme conservatrices du fond, de même il faut respecter les mots comme servant à maintenir les principes ». Cette raison est-elle suffisante pour justifier la théorie? Nous ne le croyons pas ; mais quoi qu'il en soit il faut remarquer qu'avec un pareil système la remise des objets contrefaits à la partie lésée devient facultative, ce qui est absolument contraire au texte si précis de la loi de 1793 et du Code pénal.

Et au surplus, n'y a-t-il pas véritable contradiction à assigner un caractère différent à la confiscation suivant qu'il s'agit de la contrefaçon d'œuvres littéraires et artistiques ou de celle d'inventions brevetées et de marques de fabrique, suivant que l'on applique les textes du Code pénal ou les lois de 1844 et 1857? Sans doute, les articles 427 et 429 du Code pénal ne disent pas que la confiscation des objets reconnus contrefaits et des instruments qui ont servi à leur fabrication sera prononcée même en cas d'acquittement, mais ce silence peut-il amener une difficulté? « On ne peut nier, dit M. Pouillet (*Traité de la propriété artistique et littéraire*, p. 636), d'abord que l'objet contrefait ne soit prohibé en lui-même et à raison de sa nature ; on ne peut nier que la loi n'en condamne l'existence et que dans quelque main qu'il se trouve, il ne constitue une offense directe à la loi. Comment dès lors admettre que la mort du prévenu de contrefaçon survenue par exemple avant le jugement ou que l'absence de toute mauvaise foi de sa part rende juste et légitime la possession de cet objet? Est-ce que sa nature n'est pas demeurée la même? Est-ce que son existence n'en continue pas moins d'être une offense à la loi? Qu'importe donc que la loi n'ait pas dit d'une manière formelle que la confiscation devait être prononcée même en cas d'acquittement, en dehors de toute culpabilité du détenteur de l'objet contrefait? » Le point de vue auquel se place ici M. Pouillet est à remarquer. Contentons-nous pour l'instant de constater combien la jurisprudence de la Cour de cassation est artificielle. La solution doit être unique ; la confiscation doit avoir le même caractère, qu'il s'agisse d'œuvres d'art ou d'inventions brevetées ou de marques de fabrique.

Quelle est donc la nature de la confiscation ?

Ce ne peut être une peine. Elle n'en est pas une dans l'économie de la loi de 1844 ; elle n'en est pas une non plus si l'on se reporte à la loi de 1857, puisqu'elle est prononcée même en cas d'acquittement et que l'acquittement en supposant l'absence de culpabilité exclut toute peine.

C'est, dit-on, une indemnité, parce que la confiscation est édictée non plus dans un intérêt public mais dans un intérêt privé. C'est à proprement parler une réparation civile du dommage causé à l'auteur, au breveté ou au propriétaire de la marque. Cette thèse nous paraît peu conforme à la réalité des choses.

« Sans doute, lisons-nous dans une dissertation de M. Georges Plée (*Pat.*, *Ann.*, 1888, p. 200), la confiscation concourt à réparer le préjudice causé au breveté par la contrefaçon dans la mesure de la valeur ou l'objet confisqué remis au breveté, mais elle manque du caractère essentiel de la réparation civile proprement dite, elle n'est pas exactement proportionnée au préjudice causé . »

Et en effet, le Code pénal et la loi de 1844 font de la confiscation une obligation pour le juge ; il ne lui appartient pas de ne pas la prononcer ou de la limiter, suivant les cas, en appréciant le préjudice. Sans doute, la loi de 1857 rend la confiscation facultative en matière de contrefaçon de marques de fabrique, mais là encore, le tribunal ne peut que prononcer la confiscation sans évaluation préalable ou ne pas la prononcer, il n'a pas le pouvoir de restreindre la confiscation à quelques-uns des objets contrefaits. Si la partie lésée découvre cent de ces objets, elle a droit à leur confiscation, encore que l'attribution d'un seul suffise à réparer le préjudice éprouvé par elle, c'est-à-dire encore que la valeur des objets confisqués dépasse de beaucoup l'importance du préjudice (Metz, 14 août 1850, *Journal du Palais*, 1850, 2, 642. — Nancy, 27 janvier 1875, Pal., *Ann.*, 1875,12).

La vérité, c'est que la confiscation attachée à la répression de la contrefaçon par le Code pénal et les lois postérieures n'est pas différente de celle qui frappe, dans d'autres hypothèses, les objets prohibés en eux-mêmes, qu'elle est une mesure de police ou d'ordre public indispensable pour assurer le respect des droits des auteurs, brevetés et propriétaires de marques, qu'elle est imposée par la nature même des choses, et que l'attribution qui est faite à la partie lésée des objets confisqués n'a aucune influence sur son véritable caractère. Il faut aller au fond du sujet et ne pas discuter sur des mots. La loi a concédé aux auteurs, brevetés et propriétaires de marques, aux conditions qu'elle détermine, un droit de reproduc-

tion et de vente exclusif, elle a organisé à leur profit
un véritable monopole et un monopole ne se comprend
pas sans la confiscation qui seule assure l'indisponibi-
lité des choses qui en font l'objet. Ce monopole est
parfaitement analogue à ceux créés en faveur de l'E-
tat par la loi du 28 avril 1816 sur les tabacs et par la
loi du 28 juillet 1875 sur les allumettes, et nous ne
croyons pas que l'on ait jamais songé à controverser
le caractère de la confiscation en ces matières, pas
plus que dans l'hypothèse très voisine des marchandises prohibées à l'entrée. La jurisprudence et la
doctrine sont parfaitement d'accord pour décider
qu'en ces espèces la confiscation constitue une mesure de police édictée pour retirer de la circulation
un objet dont la possession en elle-même est prohibée.
Pourquoi donner une solution différente en matière
de contrefaçon? Il y a analogie parfaite et même raison de décider.

A vrai dire, les auteurs qui font de la confiscation,
dans la matière qui nous occupe soit une peine, soit
une réparation civile ne méconnaissent pas le caractère de mesure de police que nous faisons prédomi-
ner ici. Tous ou presque tous l'invoquent accessoire-
ment lorsqu'il s'agit de justifier la confiscation en cas
d'acquittement et nous ne voyons pas pourquoi ils
n'en font pas son caractère principal. C'est, à notre
avis, en même temps que le plus logique, le seul
moyen d'arriver à des conséquences pratiques satis-

faisantes. La confiscation n'ayant plus le caractère exclusivement pénal, rien ne s'oppose à ce qu'elle soit prononcée par les tribunaux civils, et en cas d'acquittement par les tribunaux correctionnels.

Pour en finir avec ce sujet, trois observations :

1re *Observation*. — La Cour de cassation tire de l'article 11 du Code pénal cette conséquence qu'en droit commun la confiscation est une peine proprement dite. Cela n'est pas soutenable. Peut-on dire par exemple que la confiscation des faux poids et fausses mesures prescrite par l'article 481 est une véritable peine ? Il suffit de lire les textes pour s'apercevoir que la confiscation, lorsqu'elle porte sur un objet prohibé, n'a plus le caractère pénal, qu'elle s'adresse non plus à la personne coupable mais à la chose même qui est délictueuse par sa nature et qu'elle l'atteint entre toutes les mains. Les exemples donnés plus haut fixent avec évidence ce point de vue.

2e *Observation*. — Les auteurs qui voient dans la confiscation une réparation civile ont invoqué à l'appui de leur opinion les travaux préparatoires de la loi du 6 juillet 1844 sur les brevets d'invention, particulièrement M. Bédarride (*Comment. de la loi du 6 juillet* 1844, t. II, n° 654). Nous n'y voyons rien qui se puisse citer dans ce sens. Bien au contraire, la discussion à laquelle a donné lieu l'article 49 devant la Chambre des Pairs a porté tout entière sur le point de savoir si les objets contrefaits seraient détruits ou attribués à la partie lésée. On y voit clairement que l'assemblée fut déterminée par cette observation du commissaire du gouvernement que la destruction des objets contrefaits ne servirait à personne.

D'autre part, le motif donné en faveur de la remise au breveté par M. Vivien, auteur de la proposition et par M. l'h. Dupin, rapporteur, est que la remise au breveté est le plus sûr moyen de ne pas laisser le prévenu jeter dans le commerce les objets contrefaits qui pourtant ne doivent pas être détruits, puisque le breveté pourra les utiliser sans délit. N'est-ce pas dire et fort clairement, que la confiscation est avant tout une mesure d'ordre destinée à protéger le monopole du breveté et qu'il ne faut pas chercher dans la seule circonstance de la remise des objets contrefaits le caractère dominant de la confiscation ?

Quant à la loi du 9 février 1895, il serait téméraire d'y chercher un argument en faveur de l'une quelconque des théories que nous examinons ; le législateur ne paraît pas s'être préoccupé du caractère de la nouvelle confiscation qu'il édicte ; on ne trouve rien sur ce point dans les travaux parlementaires qui ont précédé le vote de la loi ; et d'ailleurs la rédaction de l'article 3 en est une preuve évidente. La question reste intacte : on peut le regretter.

3º Observation. — Quelques auteurs considèrent la confiscation édictée en matière de contrefaçon comme une restitution. M. Blanc affirme notamment qu'en rendant obligatoire même en cas d'acquittement la confiscation des objets contrefaits, le législateur a manifestement considéré ces objets comme étant la propriété du breveté à qui ils auraient été dérobés (*Traité de la contrefaçon*, p. 677). Nous ne croyons pas que les textes autorisent cette fiction; les restitutions et les confiscations sont choses très différentes; le législateur dit expressément que les objets contrefaits seront confisqués; il ne dit pas qu'ils seront restitués à leur véritable propriétaire.

Résumons-nous. La confiscation spéciale en droit français présente deux caractères; elle est, comme le dit M. Molinier, tantôt *personnelle*, tantôt *réelle*.

Elle est *personnelle* et joue le rôle d'une peine proprement dite lorsqu'elle frappe des objets qui n'ont rien d'illicite, dont la possession est permise à tous.

Elle est *réelle* et constitue une mesure de police lorsqu'elle atteint des choses prohibées à raison de leur nature et dont la possession est illicite en elle-même.

Il n'y a pas lieu, à notre avis, de placer dans une troisième catégorie les confiscations prononcées par les lois fiscales et les lois sur la contrefaçon; ces confiscations rentrent très facilement dans les deux catégories précédentes (En ce sens, Mangin, *Traité de l'action publique et de l'action civile en matière criminelle*, t. II, n° 280; Sourdat, *Traité général de la responsabilité*, t. I, n° 134 *ter*; Molinier, *Traité théorique et pratique de droit pénal*, t. 1, p. 473 ; Lainé, *Traité élémentaire de droit criminel*, nᵒˢ 442 et suiv.).

Cette distinction entre les deux caractères que présente dans nos lois la confiscation spéciale domine tout le sujet. Nous verrons que les difficultés qui se sont élevées sur bien des points ne résistent pas à l'application rigoureuse du critérium qui nous a servi à l'établir.

CHAPITRE V

DE LA CONFISCATION PRONONCÉE COMME PEINE PROPREMENT DITE. — CONSÉQUENCES.

La confiscation, avons-nous dit, est une peine proprement dite lorsqu'elle porte sur des objets n'ayant par eux-mêmes rien d'illicite.

Ce caractère exclusivement pénal de la confiscation produit une série de conséquences qu'il importe de préciser.

§ 1. — La confiscation ne peut être prononcée que contre un individu déclaré coupable et condamné.

Il est évident en effet qu'une peine ne peut frapper qu'un coupable. « Un prévenu renvoyé des fins de la plainte ne peut à la fois être condamné à la confiscation des objets saisis, car il implique contradiction qu'un prévenu soit acquitté et frappé en même temps d'une peine ; la confiscation ne peut être prononcée qu'à la suite d'une déclaration de culpabilité » (Chauveau et Hélie, *Théorie du Code pénal*, t. I, p. 238). Cette conséquence qui dérive tout naturellement du caractère pénal de la confiscation et qui, du reste, est très généralement admise, a néanmoins été vivement contestée par Blanche (*Études pratiques sur le Code pénal*, t. I, n° 82).

Il suffirait pour que la confiscation pût être prononcée que la preuve du délit fût faite. Peu importerait qu'une peine fût infligée à l'auteur de l'infraction. Pour Blanche, la confiscation est une peine d'une nature particulière qui affecte plus la chose qui en est l'objet que la personne à raison de laquelle elle est prononcée. « Si par sa nature particulière la confiscation affecte plus la chose que la personne, pourquoi ne serait-elle pas prononcée par le juge dès qu'il est reconnu que la chose est reprochable c'est-à-dire qu'une infraction ayant été commise, elle en est soit le corps, soit le produit, soit l'instrument. Qu'importe qu'une peine principale ait ou n'ait pas été prononcée ? Est-ce que la confiscation ne peut être que l'accessoire d'une peine principale ? Singulier accessoire qui souvent ne frappe pas celui qui est atteint par la peine principale comme il arrive toutes les fois que l'objet n'appartient pas au condamné.... Pour moi, je le répète, je suis tenté de croire qu'il suffit que l'existence de l'infraction soit prouvée pour qu'il y ait lieu en toute matière à prononcer la confiscation ».

Il faudrait admettre alors que, même dans le cas où l'accusé est renvoyé des poursuites à cause de la prescription ou à cause de sa bonne foi, la confiscation doit être ordonnée. Cela n'est pas admissible.

Blanche, croyons-nous, fait ici une confusion. Il n'a pas démêlé les deux caractères bien distincts que peut présenter la confiscation. Si son opinion est exacte lorsqu'il s'agit d'une confiscation prononcée comme mesure d'ordre public frappant des objets dont la possession est illicite, elle ne l'est plus lorsqu'il s'agit des confiscations qui présentent aux termes mêmes de la loi un caractère purement pénal.

Cette distinction a été faite par la Cour de cassation et si des arrêts ont prononcé la confiscation contre des prévenus acquittés à raison de leur bonne foi, c'est uniquement parce qu'il s'agissait de choses nuisibles ou dangereuses et que l'ordre public se trouvait notablement intéressé à la confiscation ; ce n'est pas, comme le dit Blanche, que la Cour ait reculé devant les principes qu'elle avait consacrés (Cass., 5 janvier 1857, Sirey, 1857, 1, 39 ; — 12 juillet 1860, Sirey, 1860, 1, 1017. — V. Blanche, t. I, p. 110 et 121).

Il nous paraît certain que la confiscation ne peut être prononcée que contre un individu déclaré coupable et condamné lorsqu'elle porte sur des objets qui ne présentent rien d'illicite parce qu'elle est alors une peine proprement dite, et qu'une peine suppose la culpabilité du prévenu. Il en sera ainsi notamment dans le cas de confiscation de vins, grains et boissons dont il est interdit à certains fonctionnaires de faire le commerce par l'article 176 du Code pénal, dans le cas de confiscation des présents qui ont pour but de corrompre un fonctionnaire ou un témoin (articles 180 et 304, C. p.), dans le cas de confiscation de marchandises non prohibées en vertu des lois sur les douanes, d'instruments employés à commettre des délits forestiers, d'armes en matière de chasse etc...

Dans toutes ces hypothèses la confiscation est une véritable peine complémentaire qui suppose une condamnation principale. Elle ne peut donc frapper le prévenu qui est acquitté à raison de sa bonne foi ou qui bénéficie de la prescription (V. Sourdat, *Traité de la responsabilité*, t. 1, n° 90).

§ 2. — La confiscation ne peut être prononcée contre les héritiers du prévenu.

Puisque la confiscation est ici une véritable peine, l'effet du décès du coupable sur cette peine sera le même que sur l'amende.

Si le délinquant est mort avant d'avoir été condamné, la confiscation ne peut être prononcée contre ses héritiers.

Si le prévenu est mort avant que sa condamnation soit devenue irrévocable, elle est sans effet contre eux.

« Le décès du prévenu, dit M. Mangin (*Tr. de l'action publique*, t. II, n° 280), éteint l'action publique pour la confiscation lorsque le délit ne gît pas dans la chose qu'elle doit atteindre, lorsqu'elle n'est qu'une aggravation de peine personnelle au coupable ».

Mais il n'en est plus de même au cas où le jugement qui prononce la confiscation est passé en force de chose jugée au moment du décès du délinquant. En pareil cas, la condamnation étant irrévocable, elle n'en sera pas moins poursuivie contre les héritiers du condamné. Les choses saisies ont en effet cessé de faire partie de son patrimoine, elles n'ont pas été transmises aux héritiers avec le patrimoine du défunt ; on pourra les revendiquer entre leurs mains.

Ces règles s'appliquent sans difficulté aux confiscations que nous avons énumérées dans le paragraphe précédent. Il faut noter que la jurisprudence les admet pour les confiscations fiscales, bien qu'elle considère ces confiscations comme des réparations civiles et non comme des peines. C'est une singulière anomalie. Si, en effet, comme le soutient la Cour de cassation, les confiscations prononcées en matière fiscale sont de simples réparations au profit du Trésor, ne devrait-on pas en conclure qu'elles peuvent être poursuivies contre les héritiers du délinquant ? L'article 2 du Code d'instruction criminelle ne dit-il pas que si l'action publique pour l'application de la peine s'éteint par la mort du prévenu, l'action civile pour la réparation du dommage peut être exercée contre le prévenu et contre ses représentants ? Il est évident que la mort de l'auteur de l'infraction ne le libère pas de réparer le dommage qu'il a causé à autrui.

Cependant la jurisprudence a repoussé cette conséquence logique de son système qui, tout le monde le reconnaît, dérogerait trop gravement aux principes fondamentaux du droit criminel. Il n'en résulte pas moins relativement au point qui nous occupe une singulière contradiction qui montre bien la fragilité de la théorie.

Quant à nous, qui voyons une peine dans les amendes et confiscations édictées en matière fiscale, nous admettons aussi que le décès du prévenu éteint complètement l'action publique, mais c'est la conséquence logique du caractère exclusivement pénal que nous avons reconnu à ces confiscations.

§ 3. — La confiscation ne peut atteindre les personnes civilement responsables de l'infraction.

Lorsque la confiscation présente un caractère exclusivement pénal, elle n'atteint pas les personnes qui ne sont que civilement responsables. Une peine en effet ne peut atteindre que le coupable. Cette règle se démontre d'elle-même. Néanmoins, en certaines espèces, des difficultés sérieuses se sont élevées notamment au sujet des confiscations prononcées en matière de chasse et de douanes.

En matière de chasse, la discussion n'existait pas

sous l'empire de la loi de 1790. La Cour de cassation jugea avec beaucoup de raison que la confiscation du fusil était une peine complémentaire qui supposait la culpabilité de l'auteur du délit (Cass., 21 juillet 1838, *Journal de droit criminel*, t. 11, p. 52). On sait que la loi du 3 mai 1844, à la différence de la loi de 1790, permet la confiscation des instruments abandonnés par des délinquants restés inconnus (article 16, § 4). On sait d'autre part que quand les armes ou autres instruments n'ont pas été saisis, le délinquant doit être condamné à en payer la valeur. Ces dispositions ont-elles pour effet de changer le caractère de la confiscation dans les cas ordinaires? On l'a soutenu. La Cour de Grenoble a deux fois jugé le 20 décembre 1848 (Sirey, 1849, 1, 665) et le 8 mars 1849 (Sirey, 1850, 2, 229), que la confiscation des armes ou le paiement de leur valeur rentrent dans les condamnations civiles dont le père d'un mineur est responsable aux termes de l'article 28 de la loi. D'après ces deux arrêts, la confiscation dans le système de la loi de 1844 n'est plus exclusivement une peine, elle a un caractère préventif puisqu'elle est ordonnée même contre des inconnus, et qu'aussi elle peut être transformée en un simple paiement de la valeur de l'arme. N'est-ce pas dire que l'on se trouve ici dans le champ d'application de l'article 1142 du Code civil portant que toute obligation de faire se résout en dommages-intérêts.

Ce système doit être rejeté. « Rien dans le texte de la nouvelle loi, dit M. Sourdat (*Tr. gén. de la responsabilité*, t. II, n° 786), n'autorise à penser que le caractère de cette confiscation ait été modifié et que le législateur de 1844 ait voulu, dérogeant à l'article 11 du Code pénal, la transformer en une simple réparation civile. Loin de là, il a été constaté dans la discussion (séance du 3 mai 1844) que ce n'était qu'une nouvelle condamnation pécuniaire, une nouvelle amende accessoire de l'amende principale ». On ne peut argumenter de l'article 16, § 4, car le délit qu'il prévoit est accompagné de particularités telles que la confiscation s'impose alors comme mesure de police. Est-il possible de laisser à la disposition du premier venu des armes et engins souvent dangereux abandonnés ? Il est en second lieu facile de remarquer que si le même article 16, § 3, permet au condamné de payer la valeur de l'arme qui a servi au délit, c'est uniquement parce que le législateur défend au garde qui constate le délit, et cela par un motif de prudence facile à comprendre, de désarmer le délinquant, ce qui aurait rendu la confiscation presque toujours impossible. Mais le paiement de la valeur de l'arme qui n'est pas représentée n'a pas néanmoins un autre caractère que la confiscation elle-même : c'est une amende substituée à la confiscation. « On se demande d'ailleurs, dit assez justement M. Sourdat, en quoi la confiscation de l'arme et des autres instruments de chasse, confiscation qui a lieu au profit de l'État, quand il ne s'agit pas d'instruments prohibés dont la loi ordonne la destruction, peut ressembler à un dédommagement pour ceux qui ont souffert du délit ».

Les père et mère ne peuvent donc pas être déclarés civilement responsables de la confiscation de l'arme qui a servi à commettre un délit de chasse. Ils ne peuvent pas davantage être rendus responsables du paiement de la valeur de cette arme. Ces deux peines ne doivent pas plus être prononcées contre eux que l'amende ordinaire à laquelle est soumis le délinquant. Hâtons-nous de dire que la Cour de cassation a rejeté la théorie de la Cour de Grenoble dans son arrêt du 6 juin 1850 (Sirey, 1850, 1, 815) et que la Cour de Grenoble elle-même abandonnant sa première jurisprudence est revenue aux vrais principes (Grenoble, 6 février 1850, Sirey, 1850, 2, 230).

Une controverse bien plus grave existe au sujet des confiscations prononcées en matière fiscale. On a vu plus haut que l'article 20, titre XIII de la loi du 22 août 1791 sur les douanes et l'article 35 du décret du 1ᵉʳ germinal an XIII sur les contributions indirectes déclarent les propriétaires de marchandises responsables du fait de leurs facteurs, agents ou domestiques en ce qui concerne les confiscations, amendes et dépens. S'appuyant sur ces textes et aussi sur quelques particularités que présente notre législation fiscale, la jurisprudence a émis l'opinion que les confiscations ainsi prononcées n'avaient aucun caractère pénal, qu'elles étaient, à proprement parler, de véritables indemnités. Une des conséquences les plus graves du système se rencontre ici à propos de la responsabilité. La Cour de cassation, fidèle à son principe, décide qu'il y a lieu d'interpréter largement les textes ci-dessus et d'appliquer la responsabilité édictée spécialement contre les propriétaires de marchandises à toutes les personnes énumérées par l'article 1384 du Code civil. Des arrêts ont déclaré les père et mère responsables des confiscations encourues par leur enfant mineur habitant avec eux. D'autres arrêts ont fait peser sur les maîtres et commettants la responsabilité édictée par la loi de 1791 et le décret de l'an XIII alors même qu'ils ne sont pas propriétaires des marchandises. On devrait pour être logique, si le cas se présentait, déclarer aussi les instituteurs et les artisans responsables des infractions encourues par leurs élèves et apprentis pendant qu'ils sont sous leur surveillance.

Il ne nous paraît pas, nous l'avons montré, que l'on puisse attribuer aux confiscations et amendes édictées en matière de douanes et de contributions indirectes le caractère d'indemnité ; nous croyons que la confiscation des objets dont la possession est licite a tous les caractères d'une peine. Quant à la responsabilité qui est édictée contre les propriétaires de marchandises et qui ne saurait faire doute, elle s'explique très facilement sans qu'il soit nécessaire d'y voir un changement apporté dans le caractère de l'amende ou de la confiscation, sans qu'il soit besoin d'en faire une application de l'article 1384 du Code civil.

On peut dire avec MM. Chauveau et Hélie (*Théorie du Code pénal*, t. I, n° 130) qu'il y a là une sorte de complicité présumée : « Si les propriétaires des marchandises sont déclarés responsables du fait de leurs facteurs et sont tenus du paiement des amendes (et confiscations) encourues par leurs préposés pour l'introduction d'objets de contrebande, c'est parce que cette condamnation dérive moins d'une véritable responsabilité que d'une présomption légale que la fraude a eu lieu par leurs ordres ou de leur consentement ; c'est une sorte de complicité que la loi suppose et punit directement. »

On peut dire encore que la responsabilité encourue par les propriétaires de marchandises résulte d'une faute de leur part : « faute d'autant plus grave, dit M. Garraud, qu'elle leur est profitable » (*Traité*, t. I, n° 254). Il y a là non pas une responsabilité civile mais une responsabilité pénale fondée sur un défaut de surveillance érigé en délit par la loi et parfaitement analogue à celle qui est édictée par les articles 45 et 46 du Code forestier et l'article 9 de l'arrêté du 30 prairial an IX sur les Postes. L'article 1384 du Code civil ne saurait donc être appliqué ici,

En résumé les maîtres et commettants ne peuvent être tenus des amendes et confiscations encourues par leurs subordonnés qu'autant qu'ils sont propriétaires des marchandises. En ce cas et en ce cas seulement la responsabilité édictée par la loi de 1791 et le décret de l'an XIII sera encourue.

§ 4. — Dans le cas où la confiscation porte sur le corps du délit, elle ne peut être prononcée que si l'objet dont il s'agit appartient au condamné.

Aux termes de l'article 11 du Code pénal, les tribunaux ne peuvent prononcer la confiscation du corps du délit que si la propriété en appartient au condamné, et les articles 423 et 477 contiennent la même disposition relativement aux choses sur lesquelles le vendeur a trompé l'acheteur.

Cette règle a fort embarrassé les commentateurs. Il est impossible en effet de prendre à la lettre une disposition contredite par de très nombreux textes d'après lesquels il suffit, pour que le corps du délit puisse être confisqué, qu'il ait été trouvé en la possession de l'auteur du crime ou du délit.

Tels sont les articles 286, 287, 314, 410, 427 du Code pénal, l'article 4 de la loi du 24 mai 1834 sur les détenteurs d'armes et munitions de guerre, l'article 5 de la loi du 27 mars 1851 sur la répression de certaines fraudes dans la vente des marchandises, etc.

Blanche énumérant les textes qui contredisent la disposition de l'article 11 renonce à l'expliquer. Il conclut qu'une règle contredite dans des hypothèses si nombreuses n'a pas assurément le caractère d'une règle générale, qu'elle n'a pas même la valeur d'une règle particulière puisqu'elle n'est applicable qu'aux espèces pour lesquelles elle a été spécialement rappelée. Pour lui, on peut croire qu'elle est échappée à l'inadvertance du législateur (t. I. n° 72).

Mais si l'on examine l'article 11 à la lumière de la distinction fondamentale qui sépare les confiscations d'objets illicites ou dangereux prononcées comme mesures de police des confiscations qui présentent un caractère purement pénal, tout s'éclaircit. L'article 11 n'entend viser que ces dernières et sa disposition est fort sage. Il serait évidemment inique, lorsque la confiscation est prononcée simplement à titre de peine, de frapper un tiers étranger au délit et peut-être même victime de ce délit. Ira-t-on confisquer, dit M. Ortolan, comme cela s'est fait jadis en de certaines justices, la bourse ou l'objet volés trouvés en la possession du voleur qui s'enfuit, de manière que soit par le voleur, soit par le fisc, le volé doive en être dépouillé ?

A cette explication si simple, une objection a été faite. On a fait remarquer que l'article 5 de la loi du 27 mars 1851, sur la répression de certaines fraudes dans la vente des marchandises, renvoyait pour la confiscation des substances alimentaires falsifiées, même lorsqu'elles contiennent des mixtions nuisibles à la santé, aux articles 423 et 477 du Code pénal. Or tout comme l'article 11, ces articles distinguent pour la confiscation suivant que les substances ou denrées sont ou non la propriété du délinquant. Cette objection n'est grave qu'en apparence. Il est facile de remarquer que l'article 5 de la loi de 1851 renvoie aussi à l'article 481 du Code pénal, qui a trait à la confiscation des faux poids et fausses mesures, et qui ne contient pas la restriction faite par les articles précédents. Au surplus, en prescrivant la destruction des denrées nuisibles à la santé ou impropres à un usage alimentaire, la loi de 1851 ne montre-t-elle pas très nettement qu'elle entend retirer de la circulation des objets dangereux ? Il n'y a donc pas à rechercher si le délinquant est ou non propriétaire de ces objets (Lainé, *Tr. élém.*, p. 329 : Garraud, t. 1, p. 593. Cass., 3 janvier 1857, *Bull. crim.*, n° 5).

Ainsi, la confiscation du corps du délit, quand elle est exclusivement pénale, n'est autorisée que si le condamné est propriétaire de l'objet confisqué. Nous ne voyons pas du reste pourquoi la même disposition ne serait pas appliquée à la confiscation des instruments du délit qui se présente bien plus fréquemment avec un caractère exclusivement pénal. Pourquoi confisquer par exemple une arme de chasse non prohibée lorsqu'il est prouvé à l'évidence qu'elle n'appartient pas au délinquant, qu'elle lui a peut-être été volée? Beaucoup d'auteurs, il est vrai, reconnaissent au propriétaire le droit de revendiquer en pareil cas l'objet qui lui appartient (Giraudeau, n°° 939 et 941); mais ne serait-il pas plus logique et plus simple de ne pas prononcer la confiscation qui, de l'aveu de tous, est une véritable peine?

Quoi qu'il en soit, la jurisprudence est constante. Elle décide que le juge n'a pas à s'occuper de la question de propriété, que la possession de l'arme par le délinquant suffit pour que la confiscation encourue doive être prononcée. Peu importe qu'il n'en fût pas propriétaire, qu'elle lui eût été prêtée ou confiée ou même volée.

Bien plus, n'a-t-on pas vu la Cour de Douai juger par arrêt du 13 décembre 1834 que le fusil devait être confisqué alors même qu'il aurait été remis au délinquant au titre de la garde nationale et serait la propriété de l'État. On se trouvait sans doute à cette époque sous l'empire de la loi de 1790 et du décret de 1812; mais bien que le juge ne fût pas alors autorisé à admettre l'option entre la confiscation et le paiement de la valeur de l'arme, la législation était la même sur le fond du droit; la loi de 1844 n'y a rien changé.

D'ailleurs, depuis 1844, la question a été soulevée à nouveau pour l'arme d'un agent des douanes qui avait chassé en temps prohibé et elle a reçu la même solution (Cass., 16 avril 1858, *Journ. crim.*, 1858, p. 319).

Nous doutons fort, quoi qu'en dise M. Petit (*Traité complet du droit de chasse*, t. III, p. 175), que la Cour de Douai ait fait dans cet arrêt une juste application de la loi pénale. En matière de chasse, M. Petit l'admet lui-même (t. II, p. 23), la confiscation est une peine, et une peine ne peut frapper que le coupable. Le recours du propriétaire contre celui qui par son fait a rendu la confiscation nécessaire nous semble une réparation insuffisante.

CHAPITRE VI

DE LA CONFISCATION PRONONCÉE COMME MESURE
DE POLICE. — CONSÉQUENCES.

Nous venons d'examiner les conséquences principales qui se présentent lorsque la confiscation joue
le rôle d'une peine proprement dite, c'est-à-dire
lorsqu'elle porte sur des objets dont la possession
n'a rien d'illicite en elle-même. Il faut maintenant
rechercher quelles règles sont applicables à la confiscation lorsqu'elle porte sur des objets nuisibles
ou dangereux ou dont la possession est illicite, soit
dans les mains du délinquant, soit d'une manière
absolue. En ce cas, la confiscation n'étant plus qu'une
mesure de police ou d'ordre public, les règles propres aux peines devront être écartées et nous abou-
tirons à des conséquences inverses de celles que nous
avons formulées dans le chapitre précédent.

**§ 1. — La confiscation doit être prononcée même en cas
d'acquittement du prévenu, si le délit matériel est constant.**

Si, comme nous l'avons vu, la confiscation prononcée à titre de peine suppose un jugement de

condamnation régulièrement rendu contre l'auteur du délit, il en est tout autrement ici. Il suffit pour que la confiscation soit prononcée qu'il y ait délit constaté; le fait que le prévenu échappe à la peine principale ne saurait légitimer entre ses mains la possession d'objets reconnus illicites ou dangereux. La confiscation n'est plus prononcée à titre de peine, mais comme mesure de police nécessitée par l'intérêt public.

Cette règle ressort avec évidence du texte de nombreuses lois spéciales.

C'est ainsi que la loi du 22 août 1791, titre X, article 23, ordonne la confiscation des marchandises dont l'entrée est *prohibée*, dans le cas même où la nullité du procès-verbal ne permet pas de constater le délit et de prononcer une autre condamnation contre le propriétaire ou l'introducteur de ces marchandises.

La loi du 10 brumaire an VI sur la garantie des matières d'or et d'argent, dans son article 109, prescrit aussi, même en cas d'acquittement, la confiscation des ouvrages marqués de faux poinçons.

Une disposition semblable se trouve dans les articles 34 et 38 du décret du 1er germinal an XIII sur la fabrication des poudres de guerre; dans l'article 49 de la loi du 5 juillet 1844 sur les brevets d'invention, aux termes duquel la confiscation des objets reconnus contrefaits et le cas échéant celle des instruments ou ustensiles destinés spécialement à leur fabrication seront, même en cas d'acquittement, prononcées contre le contrefacteur, le recéleur, l'introducteur ou le fabricant. L'article 14 de la loi du 23 juin 1857 sur les marques de fabrique et de commerce est à peu près conçu dans les mêmes termes.

Le but de ces dispositions n'est pas douteux. Il s'agit ici de retirer de la circulation des objets dont la seule possession est délictueuse. « Le procès, dit M. Sourdat, est fait en quelque sorte à la chose même en même temps qu'à celui qui s'en sert ou qui l'introduit, et c'est par mesure de police qu'on la fait disparaître quand même l'introducteur ne peut être condamné. La confiscation n'a pas le caractère d'une condamnation personnelle ; elle serait plutôt réelle, s'il était permis d'employer cette expression » (*Tr. gén. de la responsabilité*, t. I, n° 90).

Aussi, la Cour de cassation n'a-t-elle fait aucune difficulté pour généraliser cette règle et l'appliquer à toutes les confiscations qui portent sur des objets nuisibles ou dangereux (V. *Journ. crim.*, 1870, p. 35). Elle reconnaît notamment qu'en matière de contravention aux lois de 1816 et de 1875 qui réservent à l'État le monopole de la fabrication ou de la vente des tabacs, allumettes chimiques et cartes à jouer, la confiscation des objets saisis doit être prononcée nonobstant la nullité du procès-verbal et l'*acquittement* qui en est la suite si l'infraction se trouve suffisamment établie par l'instruction (Cass., 6 mars 1879, Dalloz, 1879, 1, 317 ; 8 juillet 1841, Sirey, 1841, 1, 700. — Trib. corr. de Lille, 9 mai 1883, Dalloz, 1884, 3, 15).

La même solution est donnée par la Cour de cassation lorsque la confiscation frappe des substances nuisibles à la santé dans les cas prévus par la loi du 27 mars 1851. Un arrêt du 3 janvier 1857 (*Bull. crim.*, n° 5) déclare que « de ce qu'il n'est permis ni de vendre ni de conserver dans les lieux de vente les substances nuisibles à la santé et de ce que leur destruction est généralement prescrite, on doit nécessairement induire que ces substances ainsi placées hors du commerce ne peuvent, en aucun cas, lorsqu'elles ont été régulièrement saisies, être restituées aux personnes dans les mains desquelles elles se trouvaient ; que dès lors, lorsque le prévenu est renvoyé des fins de la poursuite à raison de sa bonne foi, il n'y a pas lieu de donner mainlevée des objets saisis toutes les fois que ces objets sont reconnus pouvoir être nuisibles à la santé ; que leur destruction doit être ordonnée dans cette hypothèse non plus comme une peine puisque le prévenu est déclaré non coupable, mais comme une mesure de précaution que la loi a voulu prescrire dans l'intérêt de la santé publique et qui a pour objet d'enlever de la circulation des objets qui pourraient lui nuire ».

Un autre arrêt du 12 juillet 1860 (*Bull. crim.*,

n° 156) donne la même solution en faisant remarquer qu'il n'y a pas lieu de faire de distinction ; que l'insalubrité étant reconnue, le danger public existe et qu'une égale précaution doit être prise dans tous les cas.

Ces décisions sont inattaquables et il semble bien admis dès lors que, dans tous les cas où la confiscation porte sur des objets dont la possession est illicite, elle doive être toujours prononcée, même au cas d'acquittement du prévenu, si l'infraction est certaine. Et cependant la Cour de cassation refuse de la prononcer en cas d'acquittement lorsqu'il s'agit de contrefaçon d'œuvres littéraires ou artistiques. Elle décide qu'en ce cas particulier, la confiscation est une véritable peine complémentaire qui suppose une condamnation principale et ne se comprend pas sans elle. Remarquons que la question se pose dans les mêmes termes pour la loi du 9 février 1895 qui ne contient à ce sujet aucune disposition.

Nous croyons avoir montré que la confiscation édictée par les articles 427 et 429 du Code pénal ne présente pas ce caractère et nous ne reviendrons pas sur ce sujet. Nous nous contenterons de faire remarquer qu'il y a quelque contradiction à trancher d'une manière différente la question selon qu'il s'agit d'un monopole attribué à l'État ou à des particuliers. Les lois sur la propriété littéraire, comme d'ailleurs les lois sur les brevets d'invention et les marques de fabrique, attribuent aux auteurs, brevetés et propriétaires de marques un véritable monopole en tout semblable à celui que possède l'État sur les tabacs ou les allumettes. Il doit être protégé de la même façon. Les deux lois de 1844 et de 1857 sur les brevets et les marques, en autorisant la confiscation même en cas d'acquittement, ont résolu la question en ce sens et il n'y a pas de raison pour ne pas donner la même solution en matière de contrefaçon littéraire ou artistique. Il s'agit ici comme là d'objets dont la possession est illicite et qui ne doivent à aucun prix rester dans le commerce. La confiscation peut seule arriver à ce résultat, elle doit être prononcée en tout état de cause et même en cas d'acquittement. C'est ce qui a été jugé par les tribunaux correctionnels de Thionville et de la Seine les 2 mai et 8 août 1863 (Pat., *Ann.*, 1866, 202), par la Cour de Paris le 12 juillet 1867 (Pat., *Ann.*, 1867, 407), le 21 novembre 1867 (Pat., *Ann.*, 1867, 359) et le 7 février 1868 (Pat., *Ann.*, 1868, 63). Contrairement à ces précédents, la Cour de cassation maintient avec énergie, dans son arrêt du 26 décembre 1882, que la confiscation des articles 427 et 429 du Code pénal est une véritable peine qui ne saurait être prononcée en cas d'acquittement (Dalloz, 1884, 1, 360).

Des explications qui viennent d'être données, il résulte que la confiscation, lorsqu'elle frappe des objets illicites ou prohibés, est réelle plutôt que personnelle, qu'elle doit atteindre ces objets dans toutes les mains, et qu'elle doit être prononcée contre tout possesseur, fût-il de bonne foi. Un arrêt de la Cour de cassation du 20 mars 1835 (Sirey, 1835,1,630) fait une très juste application de cette idée à une espèce où il s'agissait de détention non autorisée d'armes de guerre (articles 3 et 4 de la loi du 24 mai 1834). Il semble que cette solution doive être acceptée dans tous les cas où la confiscation porte sur des objets dont la seule possession constitue le délit, et cependant elle est vivement contestée lorsqu'il s'agit de savoir si la confiscation peut atteindre celui qui détient un objet contrefait dans le but de l'employer à son usage personnel. La question a été posée à propos de la loi de 1844 sur les brevets d'invention, elle se pose maintenant dans tous les cas de contrefaçon.

On a soutenu qu'en aucun cas l'usage personnel ne peut donner lieu à la confiscation, que le détenteur soit de bonne ou de mauvaise foi. Il est impossible, dit-on, de voir un recel dans le simple fait de la détention d'un objet contrefait, et on sait que l'article 49 de la loi de 1844 déclare expressément que la confiscation peut seulement être prononcée contre le contrefacteur, le recéleur, l'introducteur et le débitant.

Tel est l'avis de MM. Malapert et Forni : « La loi a limité la possibilité de confisquer les objets reconnus contrefaits au cas où le procès est dirigé contre le contrefacteur, le recéleur, l'introducteur ou le débitant, de telle sorte que celui qui a acheté un objet contrefait pour l'employer à son usage personnel ne saurait être poursuivi et ne verrait pas prononcer la confiscation de l'objet contrefait trouvé chez lui » (*Nouveau comment. des lois sur les brev. d'inv.*, nº 1168).

M. Renouard adopte la même théorie qu'il déclare plus prudente et plus praticable (*Tr. des brev. d'inv.*, nº 23). Dans le même sens M. Duvergier (*Collec. des lois*, 1844, p. 616, note 1).

D'autres auteurs parmi lesquels MM. Bédarride et Rendu distinguent suivant que le détenteur de bonne foi se borne à se servir des objets contrefaits pour ses besoins personnels ou qu'il les emploie à un usage industriel ou commercial. En ce dernier cas seulement la confiscation est possible. « La confiscation en cas d'acquittement, dit M. Bédarride, ayant pour objet et pour but d'empêcher la mise en circulation ou la vente d'objets délictueux, n'aurait plus aucune raison d'être si le recéleur ou l'introducteur prouvait, outre son ignorance du caractère frauduleux de la chose, qu'il ne la possède ou ne l'a acquise que pour son usage ou ses besoins personnels. Mais à cet égard, il convient de rappeler la distinction suivante : si la chose est réellement destinée et consacrée à l'usage de la personne ou du ménage du possesseur, la confiscation ne doit et ne peut pas en être ordonnée.

Si elle est destinée à l'industrie et aux besoins commerciaux, son exploitation nuisant aux droits du breveté, la confiscation est de droit » (*Brev. d'inv.*, t. II, n° 670).

Cette doctrine a été admise par deux arrêts de la Cour de cassation du 28 juin 1844 (Dalloz, 1844, 1, 432) et du 12 juillet 1851 (Dalloz, 1851, 5, 56), par un arrêt de la Cour de Douai du 5 août 1851 (Dalloz, 1854, 2, 72) et aussi par un arrêt de la Cour de Paris du 30 janvier 1888 (Pat., *Ann.*, 1888, 233). Tous ces arrêts déclarent que l'on ne saurait voir un recel dans le fait de la détention d'un objet contrefait que le détenteur n'a pas acheté pour le revendre ensuite. M. Rendu (*Codes de la propriété industrielle*, t. II, n° 238) approuve cette jurisprudence qui, dit-il, se défend d'elle-même. « Puisque la confiscation est la conséquence de la contrefaçon, serait-il logique de décider qu'il n'y a pas de délit mais qu'il faut cependant confisquer comme si le délit existait? » (V. aussi Nouguier, *Brev. d'inv.*, n° 1027).

Que faut-il penser de ces deux systèmes ? Nous ne croyons pas que le fait que le prévenu détient pour son usage personnel puisse avoir pour résultat d'empêcher la confiscation de l'objet contrefait trouvé entre ses mains. Il est d'abord très douteux, comme le fait remarquer M. Dalloz dans une note placée sous l'arrêt de la Cour de Douai de 1851, que la distinction établie par la jurisprudence entre le marchand

et le simple détenteur, puisse se soutenir en présence
des termes absolus des lois qui répriment la contrefaçon. Il n'est pas difficile d'ailleurs de montrer que
le recéleur visé par l'article 19 de la loi de 1844 n'est
autre que le détenteur qui échappe à l'amende à raison de sa bonne foi. Sans doute, l'amende infligée
par l'article 11 suppose que le recel, l'introduction ou
la vente ont été faits sciemment, c'est-à-dire de mauvaise foi, et nous admettons volontiers que le possesseur de bonne foi soit à l'abri de toute condamnation
civile ou pénale ; mais la confiscation n'est pas soumise à cette condition que le détenteur a eu connaissance du caractère délictueux de l'objet. Le législateur en permettant la confiscation alors même que
l'acquittement a été prononcé, c'est-à-dire que la
bonne foi du détenteur a été prouvée, n'a laissé aucun
doute sur ses intentions. Pour lui, le détenteur de
bonne foi est en matière de contrefaçon un véritable
recéleur (V. Pat., *Ann.*, 1888, art. 3235).

Au surplus le caractère même et le but de la confiscation dans le cas qui nous occupe ne peuvent
faire hésiter sur la solution. La confiscation édictée
en matière de contrefaçon est, nous le répétons, une
mesure d'ordre nécessitée par le droit exclusif reconnu par la loi aux auteurs brevetés et propriétaires de marques. Ce droit, pour être efficace, doit suivre l'objet en quelque main qu'il passe ; que cet objet soit entre les mains d'un détenteur de bonne ou

de mauvaise foi, qu'il serve à un usage commercial ou personnel, le monopole concédé n'en doit pas moins être respecté et la confiscation qui en est la sanction doit être possible dans tous les cas. « Comment n'a-t-on pas vu, dit M. Blanc, en rapportant l'arrêt de la Cour de cassation du 12 juillet 1851, qu'avec une telle interprétation l'article 49 de la loi de 1844 ne serait jamais applicable, car dès qu'un prévenu est acquitté à cause de sa bonne foi, il n'est plus ni recéleur ni introducteur » (*Tr. de la contref.*, p. 678).

On objecte à cette solution qu'elle est contraire à l'équité, qu'elle menace les consommateurs de la dépossession de nombre d'objets acquis par eux de bonne foi. L'inconvénient n'est pas grave car les objets qui servent à l'usage personnel sont le plus souvent dans le domaine public. D'autre part le détenteur de bonne foi dépossédé pourra toujours recourir contre son vendeur et lui réclamer non seulement le prix de vente, mais encore des dommages-intérêts. Et si le vendeur est insolvable, n'est-il pas plus juste de faire retomber le préjudice sur l'acheteur qui aurait pu se renseigner que sur l'auteur ou le breveté qui n'a commis aucune faute, aucune imprudence ?

Cette théorie, bien plus juridique et bien plus logique aussi que les précédentes, est soutenue par MM. Pouillet (*Tr. de la prop. litt.*, n° 708 ; *Brev. d'inv.*, n° 987 ; *Marq. de fabr.*, n° 287), Le Senne

(*Brev. d'inv.*, n° 349), Blanc (*Tr. de la contref.*, p. 205 et 678). Quelques arrêts sont en ce sens ; citons un arrêt de la Cour de Poitiers du 17 février 1855 (Sirey, 1855, 2, 539) et un arrêt de la Cour de Paris du 25 novembre 1885 (Pat., *Ann.*, 1888, 225).

Il reste à se demander si le prévenu acquitté contre lequel la confiscation est prononcée peut être condamné aux dépens.

Lorsque le renvoi des fins de la plainte est motivé par la bonne foi du prévenu, il semble bien que l'on doive se décider pour la négative. « Lorsque la bonne foi est admise, dit M. Pouillet (*Tr. de la prop. artist. et litt.*, n° 702), le délit n'existe plus, il manque d'un de ses éléments essentiels ; en conséquence, le prévenu doit être renvoyé sans amende ni dépens. Si nous admettons que même en ce cas le tribunal doit prononcer contre lui la confiscation de l'objet contrefait dont il est détenteur, c'est à raison d'une disposition particulière de la loi commandée d'ailleurs par la force même des choses, mais cela n'empêche pas que sa position en tant que prévenu d'un délit ne reste intacte et que le tribunal de répression reconnaissant sa bonne foi ne se trouve par cela même absolument désarmé à son égard » (V. dans le même sens, Rendu, *Codes de la prop. indust.*, t. III, n° 228).

Un arrêt de la Cour de Paris du 7 février 1868 (Pat., *Ann.*, 1868, 63) se prononce aussi dans ce sens ; la Cour déclare que le prévenu renvoyé de la plainte à cause de sa bonne foi ne peut en aucun cas être condamné aux dépens.

Cette opinion n'est cependant pas universellement admise. La Cour de Douai a jugé en sens contraire que le prévenu renvoyé des fins de la plainte à cause de sa bonne foi, peut être condamné aux dépens et aux frais de l'insertion du jugement, si la confiscation des objets contrefaits qui se trouvaient entre ses mains a été prononcée. « Il a dans tous les cas à s'imputer d'avoir par son fait donné lieu au procès » (Douai, 8 août 1865, Pat., *Ann.*, 1869, 248).

Le motif donné par la Cour de Douai ne nous semble pas concluant. Peut-on dire qu'un individu de bonne foi a à s'imputer d'avoir donné lieu au procès ? Une simple imprudence ne saurait motiver une condamnation aux dépens. La confiscation est imposée ici comme mesure de police par la force des choses, même en cas d'acquittement ; mais elle ne saurait légitimer la condamnation aux frais du procès d'un prévenu reconnu innocent. On peut en outre faire remarquer qu'aucune disposition n'autorise en cas d'acquittement les tribunaux correctionnels à statuer sur le surplus des intérêts civils et spécialement à prononcer une condamnation aux dépens contre le prévenu alors qu'ils se dessaisissent de l'action par un jugement de relaxe (Pataille, *Ann.*, 1858, p. 144).

Cette solution, qui dérive du caractère même de la confiscation, nous semble inattaquable. Aussi doit-on l'appliquer non seulement lorsque l'acquittement du prévenu résulte de sa bonne foi, mais encore de la nullité du procès-verbal ou de la prescription du délit (Garraud, t. I, p. 592).

§ 2. — La confiscation doit être prononcée même si le délinquant est inconnu.

Il suffit alors que l'infraction soit prouvée.

C'est par application de cette règle que la loi sur la chasse du 3 mai 1844 ordonne la confiscation des armes, engins ou autres instruments de chasse abandonnés par des délinquants restés inconnus (art. 16). Comme nous l'avons déjà dit, la confiscation n'est plus ici qu'une mesure de police rendue nécessaire par le danger évident que présente l'abandon de pareils objets ; les particularités du délit dépouillent la confiscation de son caractère pénal indiscutable en matière de chasse dans les cas ordinaires.

On trouve une autre application de la même règle dans l'article 472 du Code pénal qui prononce la confiscation des coutres de charrue, pinces, barres, barreaux ou autres machines, instruments ou armes laissés dans les rues, chemins, places, lieux publics ou dans les champs dont puissent abuser les voleurs et autres malfaiteurs.

La seule difficulté consiste à déterminer le tribunal compétent et la procédure à suivre.

Il paraît évident que le tribunal compétent sera celui de l'arrondissement ou du canton dans lequel l'infraction a été commise s'il s'agit d'un délit ou d'une contravention ; en d'autres termes, ce sera le tribunal auquel la poursuite aurait appartenu si l'accusé ou le prévenu avait été condamné ou poursuivi (*Petit Tr. comp. du droit de chasse*, t. III, p. 186).

Quant à la procédure, on admet que c'est au Procureur de la République ou à l'administration compétente qu'il appartient de présenter au tribunal le procès-verbal par la voie du réquisitoire et de demander, par une simple requête, la confiscation et s'il y a lieu la destruction des objets abandonnés et saisis.

La Cour de cassation avait nié la légalité de cette procédure dans un arrêt du 21 juin 1838 rapporté par Blanche (t. I, n° 83). On lit dans cet arrêt qu'aux termes de l'article 182 du Code d'instruction criminelle, la juridiction correctionnelle ne peut statuer sur les délits qui sont de sa compétence qu'autant qu'elle s'en trouve saisie soit par le renvoi qui lui en a été fait d'après les articles 130 et 160 du même Code, soit par la citation donnée directement au prévenu, et qu'en décidant dans l'espèce que les premiers juges avaient pu, sur le réquisitoire présenté à l'audience par le ministère public, prononcer la confiscation du fusil abandonné par l'inconnu, le tribunal supérieur de Nantes avait violé ces dispositions.

Il est certain que la procédure que condamne la Cour de cassation n'est pas indiquée par le Code d'instruction criminelle, mais elle est d'un usage fréquent en matière civile, et il est absolument admis que les règles de la procédure civile peuvent être étendues à la procédure criminelle toutes les fois que cela est nécessaire. Il faut dire au surplus que la Cour de cassation n'a pas persévéré dans son opinion, et qu'un arrêt du 8 juillet 1841 en matière de contributions indirectes consacre une solution toute différente (Sirey, 1841, 1, 700). Voici cet arrêt :

« Attendu qu'il n'appartient qu'aux tribunaux correctionnels en matière de contravention aux lois sur les contributions indirectes de prononcer la confiscation des objets trouvés en fraude et saisis ; que ces tribunaux ne peuvent pas être dépouillés de cette attribution par le seul fait qu'en disparaissant et en demeurant ainsi inconnu, le conducteur desdits objets s'est soustrait à toute poursuite, à toute condamnation personnelle ; que cela est d'autant plus vrai qu'il peut arriver que le contrevenant connu, assigné, présent ne soit pas passible de l'amende à cause de la nullité du procès-verbal et que néanmoins si la contravention est d'ailleurs prouvée, la confiscation doit être prononcée par le tribunal correctionnel saisi en vertu de l'article 34 du décret du 1ᵉʳ germinal an XIII.

« Attendu que les dispositions de l'article 182 du

Code d'instruction criminelle sur la manière de saisir les tribunaux correctionnels ne sont pas conçues dans des termes restrictifs ; que lorsque le mode employé pour saisir un tribunal d'ailleurs compétent n'est pas prohibé par la loi, il ne saurait être repoussé, alors surtout qu'il est dicté par la nécessité ; que dans l'espèce la régie des contributions indirectes, obligée de s'adresser au tribunal correctionnel pour faire prononcer la confiscation, ne pouvant agir par voie de citation puisque le seul individu à citer restait inconnu, dispensée par la nature même des poursuites et spécialement par les dispositions de l'article 28 du décret du 1er germinal an XIII n'a pu agir que par voie de requête, etc... »

On ne saurait indiquer plus clairement la procédure à suivre ; elle devra être employée toutes les fois qu'il y aura lieu de poursuivre la confiscation des choses nuisibles ou prohibées abandonnées par des inconnus.

§ 3. — La confiscation peut être prononcée, même après la mort de l'inculpé, contre ses héritiers.

Si, aux termes de l'article 2 du Code d'instruction criminelle, le décès du prévenu éteint l'action publique, c'est en ce sens seulement que l'héritier ne peut être déclaré coupable du délit qu'il n'a pas commis. Il échappera à la peine qui aurait frappé le prévenu,

mais la confiscation n'en sera pas moins prononcée
contre lui. Cette conséquence découle tout naturellement de l'idée que la confiscation des choses prohibées est avant tout une mesure de police et que par
suite elle doit atteindre ces choses en quelque main
qu'elles se trouvent. Le prédécès du délinquant ne
saurait y mettre obstacle. « La confiscation, dit Merlin, affecte les choses saisies. Ce sont les choses saisies qui forment le corps de la contravention à laquelle la loi inflige la peine de la confiscation. La confiscation doit donc atteindre les choses saisies tant
qu'elles existent, elle doit donc les atteindre partout
où elles se trouvent, elle doit donc les atteindre même
entre les mains des tiers à qui le contrevenant les a
transmises, elle doit donc les atteindre même entre
les mains de l'héritier du contrevenant ». (*Répert.*,
t. XVII, p. 10.)

La poursuite doit donc être dirigée contre les héritiers comme contre toute autre personne à qui est
transmis un objet prohibé. (F. Hélie, *Inst. crim.*,
n° 974; Lainé, p. 328; Garraud, t. I, p. 593; Mangin,
Tr. de l'action publique, t. II, n° 280; Sourdat, *Tr. de
la responsabilité*, t. I, n° 90.)

La jurisprudence ne fait pas de difficulté pour appliquer cette règle aux marchandises prohibées en
matière de douanes et de contributions indirectes.
Un arrêt de la Cour de cassation du 9 prairial an IX
(Dalloz, *Répert.*, t. 17, n° 866) déclare que la confis-

cation de l'objet saisi pour contravention à une loi prohibitive peut être demandée et poursuivie contre les héritiers mêmes du contrevenant. Un autre arrêt de la Cour de Besançon du 21 décembre 1854 (Sirey, 1855,2,181) expose très nettement les motifs de sa décision : « En ce qui concerne la confiscation. Attendu que si elle est une peine aux termes des articles 11 et 464 du Code pénal, elle n'affecte pas néanmoins la personne du contrevenant ; qu'elle n'affecte que la marchandise ; qu'il n'importe en conséquence que la marchandise se trouve entre les mains du contrevenant ou entre les mains de ses héritiers ou d'un tiers ; qu'il suffit qu'elle existe pour que la confiscation en soit prononcée ; que cette suite de l'acte de contrebande survivant au décès de N..., il y a lieu de prononcer contre ses héritiers la confiscation des objets saisis... ».

La même solution doit être donnée dans tous les cas où la loi prononce la confiscation parce que le délit réside dans les objets eux-mêmes qui sont confisqués. Il en sera ainsi notamment des confiscations prononcées par les articles 81, § 2, 103, 146 et 154 du Code forestier (Meaume, *Comment. du Code forestier*, t. II, p. 590), des confiscations de comestibles et boissons corrompus ou falsifiés (lois du 27 mars 1851 et du 5 mai 1855), du gibier vendu ou colporté en temps prohibé (loi du 3 mai 1844, art. 4), des armes prohibées (articles 3 et 4 de la loi du 24 mai 1834, loi du 14 août 1885, etc.).

Le principe est bien établi ; aussi peut-on s'étonner de le voir repousser lorsqu'il s'agit de la confiscation édictée en matière de contrefaçon, soit pour les objets contrefaits eux-mêmes, soit pour les instruments qui ont servi à leur fabrication. Le délit ne réside-t-il pas dans ces objets et peut-on nier qu'une chose contrefaite ne soit une chose prohibée? (Mangin, *Tr. de l'action publique*, t. II, n° 280 ; Lainé, p. 328). Cependant la plupart des auteurs qui se sont occupés de la contrefaçon et qui ont examiné la question qui nous occupe émettent l'opinion que le décès du prévenu éteint l'action publique complètement, même pour la confiscation.

« Si le prévenu meurt pendant les poursuites, dit M. Rendu (*Codes de la propr. ind.*, t. III, n° 233) il est bien évident que le tribunal n'aura à prononcer ni confiscation ni destruction de marques. L'action est éteinte ; comment les juges auraient-ils dès lors le droit d'ordonner une mesure quelconque après que la mort les a dessaisis ».

M. Pouillet dans son *Traité des marques de fabrique* (n° 290) pose la question et la résout dans le même sens. « Nous avons examiné, dit-il, dans notre traité des brevets, les différentes questions que peut faire naître le décès du prévenu au cours de l'instance correctionnelle soit avant soit après le jugement. Il s'agit de savoir quelle influence le décès du prévenu avant le jugement exerce sur la confiscation des ob-

jets revêtus de la marque contrefaite ou sur la destruction de cette marque. On a vu que, même en cas
d'acquittement, le tribunal peut prononcer la confiscation et doit ordonner la destruction de la marque.
Ne suit-il pas de là qu'il a le même pouvoir et le même
devoir en cas de décès du prévenu ? Ce décès n'équi-
vaut-il pas à une sorte d'acquittement? Ne faut-il pas
reconnaître au contraire que le décès du prévenu a
pour effet immédiat, nécessaire, d'éteindre l'action,
de dessaisir les juges correctionnels et de les rendre
incompétents, le délit disparaissant, pour en apprécier
les conséquences civiles ? Cette dernière solution,
quels qu'en soient les inconvénients pour le plaignant,
nous paraît, à vrai dire, la seule juridique ».

Il nous paraît impossible d'admettre cette opinion.
Elle est normale sans doute dans le système de
M. Rendu qui conserve à la confiscation le caractère
de peine proprement dite. Pour lui, la confiscation
et la destruction des marques ont un caractère purement pénal. Mais ce système est rejeté par M. Pouillet qui voit dans la confiscation une mesure d'ordre
général et même une indemnité, qui l'admet contre
les détenteurs de bonne foi eux-mêmes. Nous ne
croyons pas qu'avec un pareil point de départ on
puisse soutenir que le décès du prévenu survenu
pendant l'instance rende impossible la confiscation
contre les héritiers. Le décès du prévenu peut-il rendre licite un objet qui ne l'est pas ? Il est bien plus

juridique, selon nous, de décider ici, comme nous
l'avons fait dans l'hypothèse très voisine des marchandises prohibées, que la confiscation affecte bien
plus la chose que la personne du délinquant, et que
le décès de celui-ci n'y peut mettre obstacle. Ajoutons que M. Pouillet dans son *Traité de la propriété
artistique et littéraire* (p. 636) semble se rallier à cette
opinion.

§ 4. — La confiscation peut être prononcée contre les personnes civilement responsables.

C'est là aussi une conséquence nécessaire du caractère de mesure de police que nous avons reconnu
à la confiscation des objets prohibés. Si, à moins
d'exception, la responsabilité civile ne s'étend pas
aux peines, elle s'étend néanmoins à ces confiscations qui, nous l'avons vu, sont dépouillées de tout
caractère pénal. Les personnes énumérées par l'article 1384 du Code civil, c'est-à-dire les père et mère,
les maîtres et commettants, les instituteurs et artisans sont responsables civilement des confiscations
encourues par leurs fils, domestiques, commis, élèves et apprentis.

Nous trouvons une application de cette idée dans
l'article 1er, titre V de la loi de 1791 sur les douanes.
Il y est dit que non seulement les propriétaires des
marchandises, mais même les maîtres de bâtiments,

voituriers et autres préposés à la conduite sont soli-
dairement condamnés à l'amende et à la confiscation
au cas d'introduction de marchandises *prohibées*
(V. aussi art. 8, loi 4 germinal an II).

De même, l'article 1er, titre VI de la loi du 28 avril
1816 et l'article 13 de la loi du 21 avril 1818 portent
que les détenteurs de marchandises *prohibées* sont
soumis à la confiscation. Tout détenteur de pareilles
marchandises est présumé coupable, c'est-à-dire responsable de leur introduction.

La jurisprudence applique ces textes avec la plus
grande rigueur.

Elle déclare, en matière de contributions indirectes et spécialement de vente illicite de tabacs, le pa-
tron d'un café responsable civilement des délits commis par ses employés, le mari responsable du délit
de fabrication de cigarettes de contrebande commis
par sa femme.

En matière de douanes, il a été jugé :

1° Que la loi ordonnant en cas de saisie de marchandises prohibées la confiscation des moyens de
transport, il en résulte qu'en cas de saisie d'une
malle contenant des tissus prohibés sur une diligence
dans le rayon des frontières, il y a lieu de prononcer
la confiscation des voitures et des chevaux (Cass.,
26 avril 1828) ;

2° Que le propriétaire d'un navire qui a servi à
faire la fraude est responsable du fait du capitaine et

qu'un jugement peut sans contradiction, en acquittant le propriétaire, ordonner la confiscation du navire si le capitaine est reconnu coupable (Cass., 4 février 1813, Dalloz, *Répert.*, v° *Douanes*, 985) ;

3° Qu'un chef de train est pénalement responsable de l'importation frauduleuse d'objets prohibés trouvés dans les vagons ;

4° Qu'un individu, dont la voiture, conduite par son fils mineur, est trouvée chargée de marchandises prohibées, doit subir la confiscation de cette voiture et les suites du procès.

A cette responsabilité très lourde, il est difficile de se soustraire. Il semble que la jurisprudence exige que le détenteur, l'aubergiste ou le conducteur fasse connaître les individus contre lesquels l'action peut être efficacement dirigée, qu'il indique le nom et le domicile du propriétaire des marchandises prohibées (Cass., 18 novembre 1826, *Bull. crim.*, p. 666 ; 30 mai 1828, *Bull. crim.*, p. 114 ; 7 février 1863, Dalloz, 1863, 1, 206 ; 14 juin 1894, Dalloz, *Répert.*, *Supp.*, v° *Douanes*, n° 558).

Cette exigence nous paraît trop rigoureuse. Sans doute, l'excuse de bonne foi est formellement rejetée par nos lois sur les douanes et les contributions indirectes, mais si le prétendu détenteur alléguait par exemple que les marchandises ont été introduites chez lui par force majeure ou si, par impossible, il arrivait à prouver qu'il n'avait pas connaissance de l'existence même des objets qu'il détenait ou transportait, pourrait-on le rendre responsable des confiscations fiscales ? Nous croyons que la preuve de ce fait devrait détruire la présomption légale de culpabilité, et innocenter le détenteur.

Qu'on nous permette de discuter ici un intéressant arrêt de la Cour de cassation du 25 février 1893 qui se rapporte, pensons-nous, à notre sujet. Il s'agit de la confiscation d'une table de café sur laquelle a été installé accidentellement un jeu de hasard (*Pandectes françaises*, 1893, 2, 263). Les motifs donnés par la Cour sont que l'article 477 du Code pénal, qui soumet à la confiscation les tables sur lesquelles des jeux de hasard ont été établis, ne distingue pas s'il s'agit d'un fait habituel ou accidentel, qu'il importe peu, aux termes de l'article 11 du même Code, que les tables appartiennent à un tiers étranger au délit.

Ainsi motivée, la décision de la Cour de cassation est critiquable. Une note placée sous l'arrêt fait remarquer que la table en question, fixée au sol à demeure et destinée au service des consommateurs, ne pouvait être considérée comme l'instrument du délit. L'observation est juste en ce qui concerne l'individu qui y a installé le jeu incriminé, mais faut-il en conclure que le propriétaire du café ne doit pas être déclaré responsable ? Ce propriétaire, comme toute personne exerçant une profession réglementée par des arrêtés de police, est pénalement ou civilement responsable des fautes commises par ses agents ou préposés. Il peut même avoir commis personnellement une faute en tolérant l'installation du jeu. Pourquoi la confiscation ne serait-elle pas prononcée ? En ce qui le concerne, la table n'est-elle pas un instrument du délit ?

§ 5. — La confiscation peut ou doit être prononcée alors même que le corps du délit n'appartiendrait pas au délinquant.

En discutant, au cours du chapitre précédent, la portée de l'article 11 du Code pénal, nous avons montré que, malgré la généralité apparente de ses termes, il était impossible de prendre à la lettre la règle qu'il posait. Tout le monde reconnaît que la confiscation des objets prohibés ne peut être subordonnée à la condition que le délinquant en soit propriétaire, alors même que ces objets constitueraient le corps du délit.

La jurisprudence, bien qu'elle ne démêle pas toujours très exactement le caractère de la confiscation, n'a cependant jamais méconnu l'idée si rationnelle que nous développons ici. Un arrêt de la Cour de cassation du 26 mars 1835 en a fait une très juste application à une espèce où il s'agissait de détention illicite d'armes de guerre, punie par les articles 3 et 4 de la loi du 24 mai 1834. « Attendu que la confiscation étant établie par la loi pour le seul fait de détention non autorisée, il en résulte qu'elle doit être poursuivie par le ministère public contre le détenteur seul et que l'intervention du propriétaire ne peut empêcher qu'elle ne soit prononcée à moins qu'il ne justifie de l'autorisation légale qui seule peut faire disparaître la contravention dont la confiscation est une conséquence nécessaire... ; Et attendu en fait... que, sur l'appel de M. C. qui était intervenu comme propriétaire desdites armes, la Cour royale de Paris a, par l'arrêt attaqué, annulé la saisie et ordonné la restitution des armes audit M. C. par le motif qu'il justifiait de sa propriété et de sa bonne foi en quoi elle a formellement violé les articles 3 et 4 de la loi de 1834. Casse, etc..... ».

La même solution a été appliquée aux confiscations des denrées nuisibles à la santé (Cass., 3 janvier 1857, *Bull. crim.*, n° 5), d'engins prohibés en matière de chasse (*Petit Tr.*, t. III, p. 173 ; Giraudeau, n° 939), de marchandises prohibées en matière de douanes et de contributions indirectes, d'objets contrefaits (Rendu, t. II, n° 249).

Le propriétaire de l'objet prohibé sujet à confiscation est donc sans droit pour le revendiquer. Il en est de même de toutes les personnes qui peuvent avoir des droits sur cet objet, notamment du bailleur qui ne pourrait invoquer son privilège sur les objets saisis sur son locataire. La confiscation a pour effet de mettre les objets qu'elle frappe hors du commerce (Pouillet, *Propr. litt.*, n° 720; Rendu, t. II, n° 248, t. III, n° 227). Un arrêt de la Cour de cassation du 18 juillet 1850 rapporté par M. Blanc (p. 679, note 2) a décidé très justement en ce sens que les objets contrefaits et les ustensiles ayant servi à la production d'iceux étant frappés de confiscation par la loi, que la confiscation plaçant ces objets au regard de l'inventeur hors du commerce puisqu'ils ne peuvent être vendus que par lui, qu'ils doivent lui être remis et qu'il aurait même le droit de les détruire, ils ne peuvent être un gage pour les loyers du propriétaire.

CHAPITRE VII

Certaines questions se posent au sujet de la confiscation, qui doivent recevoir une solution identique dans tous les cas, que la confiscation ait le caractère d'une peine proprement dite ou d'une mesure de police, qu'elle porte ou non sur des objets illicites ou prohibés. Il s'agit notamment de savoir si le fait que des circonstances atténuantes sont accordées au prévenu ou que le délinquant est accusé de plusieurs crimes ou délits exerce quelque influence sur la confiscation.

1. *Circonstances atténuantes.* — On sait que les articles 463 et 483 du Code pénal ne s'occupent de l'effet des circonstances atténuantes qu'en ce qui concerne les peines principales. Aussi s'est-on demandé si la faculté d'atténuation produisait quelque effet sur les peines accessoires ou complémentaires et en particulier sur la confiscation.

La discussion n'est pas possible lorsque la confiscation porte sur des objets nuisibles ou prohibés,

qu'il importe de retirer de la circulation : la bonne
foi du prévenu, son acquittement ne peuvent, on l'a
vu, le soustraire à cette mesure ; elle doit être ordonnée, à plus forte raison, lorsque le prévenu est déclaré coupable : peu importe que des circonstances
atténuantes lui soient accordées.

La Cour de cassation s'est maintes fois prononcée
en ce sens. Un arrêt du 4 octobre 1839 rendu dans
une espèce où il s'agissait de faux poids et fausses
mesures se fonde :

1° Sur ce que la confiscation renferme moins une
aggravation de peine qu'une mesure d'ordre destinée
à retirer du commerce des instruments de pesage et
de mensurage qui ont été reconnus ne pas offrir la
garantie légale ;

2° Sur ce qu'on ne peut admettre que l'article 463
ait entendu donner la faculté de faire remise de la
confiscation puisque cet article ne porte que la remise
de l'emprisonnement et de l'amende (V. Cass., 22 septembre 1833, *Bull. crim.*, n° 410 ; 7 juillet 1854,
Bull. crim., n° 218).

Dans les espèces sur lesquelles la Cour de cassation s'est prononcée, la confiscation était ordonnée
à titre de mesure de police. Devrait-on donner une
solution différente si la confiscation était ordonnée à
titre de supplément de peine? M. Laborde (*Dr. crim.*,
n° 594) se décide pour l'affirmative. En ce cas, dit-il,
les tribunaux pourraient écarter la confiscation. Nous

ne croyons pas que cette opinion doive être admise. Qu'elle soit prononcée à titre de peine ou à titre de mesure de police, la confiscation nous paraît être une mesure de rigueur édictée par le législateur dans les cas spéciaux où elle lui semble nécessaire. C'est une peine pécuniaire sans doute, mais bien différente de l'amende puisqu'elle frappe des objets nettement déterminés. D'autre part, comme le disent MM. Chauveau et Hélie (t. VII, p. 293), la confiscation spéciale est une peine commune aux matières de police, aux matières criminelles et correctionnelles ; l'atténuation de la peine principale même au niveau des peines de police n'est donc pas un motif pour faire disparaître cette mesure accessoire. Ce motif est le motif principal qui permet, malgré le silence de l'article 463, d'étendre l'atténuation aux peines complémentaires, on ne peut l'invoquer ici (V. Blanche, t. I, n° 78 ; Garraud, t. II, n° 139).

Ajoutons qu'un certain nombre de lois spéciales qui prescrivent la confiscation repoussent formellement l'application de l'article 463. Il est repoussé par le Code forestier, la loi sur la chasse, les lois sur les douanes et les octrois. Il faut noter que la défense a été levée en ce qui concerne les contributions indirectes par la loi du 11 mars 1888, mais aussi qu'aux termes de l'article 12 de la loi du 26 décembre 1890, il ne peut être fait application de l'article 463 s'il y a récidive pendant le délai d'un an à partir du jugement qui a reconnu la contravention ou le délit.

II. *Concours d'infractions.* — Aux termes de l'article 365, § 2, du Code d'instruction criminelle la peine la plus forte doit seule être prononcée contre le prévenu convaincu de plusieurs crimes ou délits. Il est de principe constant que les peines complémentaires, et en particulier la confiscation, ne sont pas comprises dans cette règle. C'est ainsi, par exemple, qu'un individu reconnu coupable à la fois de vol et de délit de chasse sans permis, doit être condamné à raison du vol à la prison, et en outre à la confiscation de l'arme qui lui a servi à commettre le délit de chasse, bien qu'il ne soit pas passible de l'amende afférente à ce délit.

En effet, la confiscation est établie à raison du caractère propre de certaines infractions, et on ne peut admettre que la circonstance que le prévenu a commis plusieurs crimes ou délits ait pour effet de le soustraire à l'application d'une mesure qui s'impose au juge, alors surtout que le délinquant est plus coupable. En outre, on peut faire remarquer que les peines complémentaires n'étant pas classées par la loi, il aurait été difficile de les comparer avec les peines principales, d'apprécier par exemple si la confiscation de certains objets, jointe à une amende, est une peine plus forte qu'une autre amende déterminée (V. Ortolan, t. II, n° 1644 ; Blanche, t. I, n° 79 ; Le Sellyer, *Tr. de la criminalité et de la pénalité*, t. I, n° 265 ; Garraud, t. II, n° 172).

La Cour de cassation a adopté cette opinion dans de très nombreux arrêts : 21 juin 1838, Sirey, 1839, 1, 55 ; 6 et 13 mars 1856, Sirey, 1856, 1, 625 ; 30 juin 1881, Sirey, 1883, 1, 333 ; 9 septembre 1886, *Bull. crim.*, n° 325 ; 26 juin 1886, Dalloz, 1886, 1, 478. Ce dernier arrêt est ainsi conçu : Attendu que le verdict du jury a déclaré G... coupable du délit de port d'arme prohibée, qu'indépendamment de la peine principale édictée par l'article 3 de la loi du 24 mai 1834, l'article 4, comme l'article 314 du Code pénal, prononce la confiscation de l'arme saisie ; que la Cour a faussement appliqué l'article 365 du Code d'instruction criminelle en ne prononçant pas la confiscation et en étendant à une peine accessoire la confusion édictée pour les peines principales en cas de concours de plusieurs crimes ou délits ; Casse, etc...

Il a même été jugé par la Cour de Nancy le 15 janvier 1840 (Dalloz, 1840, 2, 101) que la confiscation d'une arme de chasse doit être prononcée avec l'amende dont elle est l'accessoire, quand même le délit pour lequel le prévenu est poursuivi serait antérieur à un premier jugement qui aurait déjà prononcé amende et confiscation. M. Petit (*Tr. du droit de chasse*, t. III, p. 181) approuve cette décision que M. Dalloz combat au contraire dans une note placée sous l'arrêt. Il est certain qu'il faut reconnaître le caractère de peine à la confiscation d'une arme de chasse et au paiement de sa valeur. Il est certain

aussi que le législateur en permettant l'option au
condamné n'a pas entendu édicter une peine nouvelle. Il nous paraît néanmoins difficile de contester
à la Cour de Nancy le droit de prononcer la confiscation : rien ne prouve que c'est avec la même arme que
les deux délits ont été commis, et d'autre part, la
confiscation faisant partie intégrante de la disposition
pénale, on ne comprendrait pas que l'amende fût
seule prononcée (V. *Journal de droit criminel*, 1861,
p. 132 et suiv.).

CHAPITRE VIII

UNE SAISIE PRÉALABLE EST-ELLE NÉCESSAIRE POUR QUE
LA CONFISCATION PUISSE ÊTRE PRONONCÉE.

Dans la plupart des cas où la confiscation est encourue, il est enjoint par la loi aux divers agents chargés de constater le délit d'opérer la saisie des objets incriminés. Il n'y a pas alors de difficulté ; l'objet dont la confiscation doit être prononcée est mis sous la main de la justice qui en dispose librement.

Il est possible cependant que cette saisie effective soit empêchée soit par la fuite du coupable, soit par sa rébellion. En certains cas même, la loi défend aux agents verbalisateurs de pratiquer la saisie ; en matière de chasse notamment il est défendu aux gardes de désarmer les délinquants ou de chercher à leur enlever le gibier dont ils sont porteurs. Les agents chargés de verbaliser ne pourront alors se saisir matériellement de l'instrument ou du corps du délit, ils devront se contenter de le décrire ou, comme on dit, d'opérer une saisie intellectuelle.

Est-il nécessaire, pour que la confiscation soit prononcée, que les choses qui en font l'objet aient été saisies matériellement au début des poursuites ? On l'a soutenu. Les tribunaux, a-t-on dit, ne peuvent ordonner que la confiscation d'objets bien définis et déterminés, individuellement connus et désignés. La confiscation est une mesure rigoureuse qui ne peut s'appliquer qu'à des choses nettement dénommées ; sans saisie réelle leur désignation exacte est impossible. Tel est l'avis de M. Blanc : « Le jugement qui prononce la confiscation des objets saisis ne doit s'entendre que des objets qui ont été réellement mis sous la main de la justice et non de ceux qui ont été simplement décrits au procès-verbal » (Blanc, p. 680. — Paris, 7 février 1868, Pal., *Ann.*, 1868, 63 ; Cass., 9 janvier 1852, *Bull. crim.*, n° 6).

Cette opinion est aujourd'hui repoussée par la jurisprudence et par la grande majorité des auteurs. Il suffit que les choses sujettes à confiscation aient été décrites par les procès-verbaux ou citations qui ont donné lieu au procès. On ne peut nier sans doute qu'en bien des cas le législateur n'ait eu en vue une saisie effective, matérielle, mais ce serait montrer vraiment trop d'exigence que de l'exiger en tous les cas. Il arrivera souvent en effet que les actes de la procédure suffiront à préciser exactement la nature, le nombre et l'espèce des objets trouvés en la possession du prévenu ; le juge aura tous les éléments nécessaires pour motiver sa décision. Cette opinion a été consacrée par la jurisprudence ; en matière de douanes et de contributions indirectes la Cour de cassation n'a pas varié sur ce point. Les arrêts du 17 août 1849 (Dalloz, 1850, 5, 117), du 27 février 1858 (Dalloz, 1858, 1, 475) posent en règle que, nonobstant le défaut de saisie, les juges peuvent prononcer la confiscation de marchandises introduites en fraude ainsi que celle des moyens de transport. Les Cours de Nancy (27 février 1878, Dalloz, 1879, 2, 46) et de Pau (13 avril 1889, Dalloz, 1890, 2, 271) décident dans le même sens. De même en matière de forêts (Nancy, 24 décembre 1845, Dalloz, 1847, 4, 269 ; Cass., 13 février 1847, Dalloz, 1847, 1, 85), en matière de chasse (Limoges, 26 mars 1857, Dalloz, 1858, 2, 48), en matière de contrefaçon (Bourges, 28 décembre 1869, Dalloz, 1870, 2, 153 ; Cass., 14 août 1871, Dalloz, 1871, 1, 282).

Il peut arriver que les choses sujettes à confiscation n'aient été ni saisies ni décrites. Cette circonstance peut-elle empêcher le juge d'en prononcer la confiscation ? Oui, a-t-on dit, parce que, en ce cas, la confiscation serait illusoire faute d'objets sur lesquels elle devrait porter, parce qu'elle suppose et exige ou une détermination ou la mainmise judiciaire de ces objets. En dehors de l'une ou de l'autre, il pourra bien y avoir délit entraînant la condamnation du prévenu, mais où seront les objets susceptibles d'être reconnus dangereux ou prohibés et par conséquent confisqués ? La confiscation ne peut être prononcée que lorsqu'elle a en vue des objets certains, déterminés et qui après examen et vérification sont reconnus sujets à confiscation. La description sans saisie, si elle ne place pas les objets sous la main de la justice, permet d'en vérifier le véritable caractère et offre une base certaine à la confiscation. S'il n'y a eu ni saisie ni description, il ne saurait y avoir confiscation, car il n'y a rien alors sur quoi cette confiscation puisse porter (V. Bédarride, *Brev. d'inv.*, n°ˢ 672 et suiv.; Garraud, t. I, n° 366).

Ce système n'a rencontré que peu d'adhérents dans la doctrine et la pratique, après quelques hésitations, le repousse fort justement. Est-il admissible en effet qu'une circonstance fortuite puisse empêcher les juges de prononcer la confiscation lorsqu'elle est impérativement ordonnée par la loi? Est-il possible par exemple qu'en matière de chasse, où la loi défend aux gardes de désarmer les délinquants, on en soit réduit à prononcer dans tous les cas l'amende que le législateur de 1844 permet accidentellement de substituer à la confiscation? Suffira-t-il à un contrebandier de prendre précipitamment la fuite pour qu'il soit à l'abri de la confiscation de la voiture ou du cheval dont il s'est servi? Une pareille théorie est insoutenable; et d'ailleurs la plupart des textes qui prescrivent la confiscation ne parlent d'aucune saisie, réelle ou intellectuelle. Sans doute, l'exécution du jugement pourra rencontrer des difficultés en l'absence de toute saisie ou description, mais il n'est pas admissible que ces difficultés autorisent le juge à s'abstenir de prononcer la confiscation (En ce sens, Bourges, 28 décembre 1869, Dalloz, 1870, 2, 153 ; Cass , 14 août 1871, Dalloz, 1871, 1, 282 ; Pau, 13 avril 1889, Dalloz, 1890, 2, 271. — V. aussi Rendu, *Codes*, t. II, n° 2.. ; Pouillet, *Prop. litt.*, n° 716 ; Renouard, *Dr. d'aut.*, n° 255).

CHAPITRE IX

LE JUGE PEUT-IL SUBSTITUER A LA CONFISCATION UNE CONDAMNATION EN ARGENT DE LA VALEUR DES OBJETS CONFISQUÉS.

On s'est demandé si, dans l'hypothèse où les objets susceptibles de confiscation n'ont pas été saisis matériellement et où, par suite, l'exécution du jugement peut rencontrer des difficultés, le juge peut ordonner que, faute de représenter l'objet confisqué, le condamné sera tenu de payer une certaine somme pour en tenir lieu.

La question est controversée.

La plupart des commentateurs du Code pénal se prononcent pour la négative. « Les juges, disent MM. Chauveau et Hélie, ne peuvent convertir la confiscation de l'objet du délit en une confiscation de sa valeur, car cette confiscation est une peine particulière dont ils ne peuvent altérer la nature ; elle se résume à la vérité en une peine pécuniaire, mais elle a pour but de frapper un objet déterminé, le fruit ou l'instrument du délit, et ce but ne serait pas atteint si l'inculpé était admis à en offrir le prix » (*Théor. du Code pénal*, t. 1, p. 238). La même opinion est soutenue par MM. Ortolan (*Elém. de dr. pénal,*

n° 1578); Blanche (t. VII, n° 24); Lainé (p. 324).
Elle se fonde sur ce que, en matière criminelle, les
juges doivent se borner à appliquer les lois pénales
sans qu'ils puissent les modifier ou changer la nature
des peines, et on ne peut nier qu'en substituant à la
confiscation d'un objet précis et déterminé soigneu-
sement le paiement de sa valeur, on n'aille contre la
volonté évidente du législateur, qu'on ne transforme
la confiscation en une simple indemnité au profit de
l'État. On a même exprimé la crainte que la faculté
illimitée laissée sur ce point aux tribunaux ne permette de ressusciter sous une autre forme la confiscation générale, principalement en matière de contrebande où les objets à confisquer sont souvent d'un
très grand prix.

Cette crainte peut sembler exagérée. Quoi qu'il en
soit, il faut remarquer que toutes les fois que le législateur a cru pouvoir permettre la conversion de la
confiscation en une peine pécuniaire, il l'a dit d'une
manière expresse. Nous en avons un exemple dans
la loi sur la pêche fluviale du 15 avril 1829 qui décide
qu'à défaut de la remise d'un filet prohibé sur la
sommation du garde, le délinquant doit être condamné à une amende de 50 francs. Un autre exemple
nous est fourni par la loi sur la chasse du 3 mai 1844.
L'article 16 de cette loi dispose que si les armes,
filets ou autres instruments de chasse n'ont pas été
saisis, le délinquant sera condamné à les représenter

ou à en payer la valeur suivant la fixation qui en sera faite par le jugement, sans qu'elle puisse être au-dessous de 50 francs. Ces dispositions s'expliquent par les particularités que présente en matière de chasse et de pêche la saisie des armes et engins, par la recommandation de prudence qui est faite aux agents chargés de constater les délits ; mais si le législateur a cru devoir autoriser expressément dans ces deux cas spéciaux la substitution du paiement de la valeur de l'objet saisi à la confiscation elle-même, n'est-ce pas qu'en droit commun une pareille conversion ne peut être admise ?

Ces motifs ont déterminé la jurisprudence qui pa-raît fixée en ce sens. Il a été jugé en matière de doua-nes et de contributions indirectes qu'il n'appartient pas aux juges de substituer définitivement ou éven-tuellement à la confiscation et pour en tenir lieu la condamnation personnelle des prévenus à la valeur estimative des objets confisqués ou confiscables ; que par suite l'administration des douanes ne peut que poursuivre l'exécution du jugement qui prononce la confiscation à la charge de prouver l'identité des ob-jets déclarés confisqués (Cass., 19 août 1858, Dalloz, 1858, 1, 475. V. aussi Nancy, 27 février 1878, Dal-loz, 1879, 2, 46 ; Pau, 13 avril 1889, Dalloz, 1890, 2, 271). Il a été jugé dans le même sens que le para-graphe 2 de l'article 198 du Code forestier, qui or-donne dans les cas prévus par le paragraphe 1 dudit article la confiscation des instruments dont les délinquants et leurs complices sont trouvés nantis, n'autorise pas les tribunaux à substituer à ces instruments, quand ils n'ont pas été saisis, une valeur estimative dont la condamnation serait prononcée pour tenir lieu des instruments eux-mêmes (Cass., 13 février 1847, Dalloz, 1847, 1, 85 ; Metz, 23 juillet 1841, Meaume, *Comment. du Code forestier*, t. II, p. 931, note 1). M. Pouillet donne en matière de contrefaçon la même solution (*Prop. litt.*, n° 704. — V. Gastambide, p. 203).

Le système de la contrainte pécuniaire n'en a pas moins encore ses partisans. C'est ainsi que les principaux commentateurs du Code forestier admettent qu'on doit prononcer la condamnation d'une somme équivalente à la valeur de l'instrument resté entre les mains du délinquant (Curasson, t. II, p. 428 , Meaume, t. II, p. 930). Quel est, disent-ils, l'unique argument de la Cour de cassation ? C'est qu'en matière pénale, on ne peut ajouter à la loi. Mais lorsque la confiscation est prononcée, il ne s'agit de la part du condamné que de remettre un objet dont le dépôt a été fait entre ses mains lorsqu'on en a déclaré la saisie. Sans doute, personne ne conteste que l'on ne puisse substituer une peine à une autre, changer la confiscation en une amende, mais ici, ce n'est pas d'une amende qu'il s'agit, c'est d'une obligation de faire qui, aux termes de l'article 1142 du Code civil,

se résout en dommages-intérêts. La contrainte pécuniaire que les tribunaux correctionnels prononcent
n'est donc pas une peine proprement dite ; ils ne font
qu'ordonner l'exécution d'un contrat civil, de la
même manière qu'en statuant sur les restitutions et
dommages-intérêts ils statuent sur les réparations
civiles.

En matière de contrefaçon MM. Malapert et Forni
émettent la même opinion. Le tribunal, disent-ils,
peut, en ordonnant la confiscation des objets contrefaits, dire que, dans le cas où ils ne seront pas repré-
sentés, le contrefacteur sera tenu d'en payer la valeur
d'ores et déjà fixée à une certaine somme pour chaque
objet (*Comment. de la loi sur les brevets d'inv.*, n° 1189).

Ces auteurs ne développent pas leur opinion qui
peut sembler audacieuse en une matière où les objets
confisqués présentent un caractère illicite indiscutable. On aboutit ainsi à laisser dans le commerce les
objets qu'il s'agit précisément d'en retirer. Nous ne
croyons pas d'ailleurs qu'en aucun cas le système
soutenu par MM. Meaume et Curasson doive être
adopté ; il est bien difficile de voir dans le paiement
de la valeur de l'objet confisqué autre chose qu'une
peine et nous nous prononçons volontiers contre le
système de la contrainte pécuniaire.

CHAPITRE X

QUELS TRIBUNAUX PEUVENT PRONONCER
LA CONFISCATION.

La confiscation étant toujours édictée au sujet d'une infraction à la loi pénale, il est clair qu'elle peut ou doit être prononcée par les tribunaux de répression, par la Cour d'assises lorsque la confiscation est attachée à un crime, à celui de corruption par exemple, ou de faux témoignage, par le tribunal correctionnel s'il s'agit d'un délit, par le tribunal de simple police, s'il s'agit d'une contravention. Si le délinquant est justiciable d'un tribunal exceptionnel, s'il est militaire par exemple, le conseil de guerre prononcera la confiscation ; le Code de justice militaire ne laisse pas de doute à cet égard. Il déclare en effet les militaires justiciables des conseils de guerre pour tous crimes et délits, en exceptant toutefois les délits qui se rapportent aux lois sur la chasse, la pêche, les douanes, les contributions indirectes, les octrois et les forêts. On a vu même la Chambre des Pairs, constituée en haute cour de justice, prononcer la confiscation attachée au crime de corruption de fonctionnaires publics (17 juillet 1847, aff. Teste, Cubières et Parmentier, Sirey, 1847, 2, 513).

Tous ces tribunaux sont évidemment compétents pour prononcer la confiscation ; mais il y a lieu de se demander si elle ne peut pas aussi être prononcée dans des cas spéciaux par les tribunaux civils. La question se pose à propos du délit de contrefaçon.

On sait que la partie lésée par une infraction à la loi pénale a toujours le choix entre l'action correctionnelle et l'action civile. Si donc l'auteur ou le breveté porte son action devant les tribunaux civils, devra-t-il renoncer par là même au bénéfice que lui assure la confiscation des objets contrefaits, ou au contraire, les juges civils auront-ils, comme les juges correctionnels, le droit de prononcer cette confiscation ?

La controverse est très vive sur ce point.

Les auteurs qui voient dans la confiscation édictée contre les contrefacteurs un dédommagement accordé à la partie lésée, ne font aucune difficulté pour reconnaître à la juridiction civile le droit de la prononcer. C'est une conséquence logique de leur système : le tribunal civil est le juge naturel et légitime des réparations civiles qu'un fait dommageable peut nécessiter (V. Rendu, *Inr. brer.*, n° 234 ; Bédarride, *Brer. d'inr.*, n°ˢ 655 et suiv. — Cass., 29 juin 1874, Dalloz, 1876, 1, 12).

Ceux qui, au contraire, attribuent à la confiscation un caractère purement pénal, principalement en matière de propriété littéraire ou artistique, dénient aux tribunaux civils le droit de prononcer la confiscation : c'est à la justice correctionnelle seule qu'il appartient de prononcer une peine (Gastambide, n° 183; Blanc, p. 466 ; Renouard, *Dr. d'aut.*, t. II, n° 254). Il est incontestable que ce système aurait pour conséquence de priver l'auteur ou le breveté qui agit par la voie civile d'une réparation efficace ; il faut avouer aussi que l'attribution des objets contrefaits à la partie lésée sera souvent l'unique dédommagement possible. Aussi a-t-on admis que si les tribunaux civils sont incompétents pour prononcer la confiscation, ils peuvent néanmoins ordonner la remise des objets contrefaits à la partie lésée. Cette distinction, dont nous avons eu occasion déjà de montrer l'arbitraire, est admise par la pratique : l'attribution des objets contrefaits est prononcée journellement par les tribunaux civils, et la discussion ne porte plus que sur des mots.

Quant à nous, qui voyons dans la confiscation édictée en matière de contrefaçon une simple mesure de police et non pas une peine ou une indemnité, nous ne refuserons pas à la juridiction civile le droit de la prononcer (V. Pouillet, *Prop. litt.*, p. 637). On peut se demander cependant si la faculté illimitée qui est laissée au juge d'indemniser la partie lésée, ne serait pas en matière civile un dédommagement suffisant. On ne peut nier que la confiscation spéciale ne présente toujours dans notre droit un caractère pénal, quelque affaibli qu'il soit, et qu'il ne répugne de la voir prononcer par la juridiction civile ; les exigences de la pratique, que l'on invoque ici, ne sont peut-être pas aussi graves que l'on se plaît à l'affirmer.

Puisque les tribunaux civils peuvent prononcer la confiscation des objets contrefaits, il semble qu'on doive reconnaître le même droit aux tribunaux de commerce, si l'on admet que ces tribunaux peuvent connaître des actions en contrefaçon. Ce dernier point est fort discuté : il est impossible de ne pas en dire un mot.

En matière de marques de fabrique, l'article 16 de la loi de 1857 déclare que les actions civiles relatives aux marques sont portées devant les tribunaux civils et jugées comme matières sommaires. Le doute et la controverse ne peuvent donc exister, le juge commercial est incompétent.

En matière de brevets, la question est controversée. Beaucoup d'auteurs concluent à l'incompétence des tribunaux de commerce. Ils se fondent sur l'article 48 de la loi de 1844 aux termes duquel la saisie des objets prétendus contrefaits est nulle à défaut par le breveté de s'être pourvu dans la huitaine soit par la *voie civile*, soit par la *voie correctionnelle*. Si, dit-on, on oppose la voie civile à la voie correctionnelle, c'est qu'on entend indiquer par là la compétence des tribunaux civils de première instance (V. Pouillet, *Brev. d'inv.*, n° 827 ; Blanc, *Tr. de la con-*

tref., p. 664 ; — Cass., 20 juin 1870, Pat., *Ann.*, 1870, 240). La jurisprudence est fixée en ce sens. Quelques auteurs résistent cependant à cette interprétation ; pour eux le texte de l'article 48 n'exclut pas nécessairement les tribunaux de commerce (V. Renouard, *Brer. d'inr.*, n° 218).

Au contraire, en matière de contrefaçon d'œuvres littéraires ou artistiques où il n'existe dans les textes aucune disposition touchant la compétence, on reconnaît généralement aux tribunaux de commerce le pouvoir de juger les contestations de cette nature dirigées contre un commerçant ou qui s'élèvent entre commerçants (Pouillet, *Prop. litt.*, n° 677 ; Rendu, n° 830 ; Renouard, *Dr. d'aut.*, t. II, p. 411 ; — Pau, 31 mai 1878, Pat., *Ann.*, 1880, 359 ; Trib. comm. Seine, 16 mai 1868, Pat., *Ann.*, 1868, 189).

APPENDICE

CAS SPÉCIAL OÙ LA CONFISCATION PORTE SUR UNE SOMME D'ARGENT.

Jusqu'ici, nous avons raisonné sur des espèces où la confiscation frappe des choses nettement déterminées, nous avons laissé de côté, à dessein, les cas assez rares où elle peut porter non pas sur des objets facilement reconnaissables, mais sur une somme d'argent, c'est-à-dire sur une valeur qui disparaît immédiatement dans le patrimoine du délinquant.

Cette sorte de confiscation se présente dans nos lois dans deux hypothèses bien distinctes.

Aux termes de l'article 180 du Code pénal relatif au crime de corruption de fonctionnaires publics, il ne doit jamais être fait restitution au corrupteur des choses par lui livrées ; elles sont confisquées au profit des hospices des lieux où la corruption a été commise. L'article 364 du même Code contient une disposition analogue relativement aux objets ou valeurs reçus par un faux témoin. Si donc dans ces deux cas le corrupteur a livré une somme d'argent, il y aura lieu d'en prononcer la confiscation.

L'autre hypothèse concerne le délit de représentation illicite d'œuvres théâtrales. Il résulte des dispositions combinées des articles 428 et 429 du Code pénal que les recettes faites par tout directeur ou entrepreneur de spectacles qui aura fait représenter sur son théâtre des ouvrages dramatiques au mépris des lois et règlements sur la propriété des auteurs, seront confisquées et attribuées, sans préjudice de plus amples dommages-intérêts, à l'auteur lésé.

Ces textes soulèvent quelques difficultés au sujet de la confiscation ; par la nature même des objets qu'elle frappe, il semble qu'elle échappe à certaines des règles que nous avons exposées précédemment : quelques points doivent être précisés.

Tout d'abord nous ne croyons pas que les juges puissent déclarer confisquée une somme en circulation. Il faut en cette matière, pour que la confiscation ait quelque effet, que la somme d'argent qui en fait l'objet ait été saisie matériellement ; lorsqu'elle est confondue dans le patrimoine du coupable, la confiscation n'est plus possible, car elle ne peut pas avoir d'effet. On ne peut imaginer en effet la confiscation d'une somme d'argent quelconque appartenant au délinquant ; une pareille mesure serait une amende, une indemnité, ce ne serait pas une confiscation. Ce que la loi entend frapper, ce n'est pas une valeur prise au hasard dans le patrimoine du coupable, c'est le prix de la corruption, ce sont les recettes provenant d'une représentation illicite, c'est-à-dire le produit du délit. En l'absence d'une saisie matérielle, la confiscation ne se comprend pas.

Aussi ne peut-on approuver l'arrêt de la Chambre des Pairs du 17 juillet 1847 (Sirey, 1847, 2, 513) qui déclare confisqués 94.000 francs, livrés à Teste, ancien ministre des travaux publics, alors qu'ils se trouvaient confondus dans son patrimoine. La Cour d'ailleurs, comprenant le peu d'efficacité de cette disposition, condamnait du même coup le coupable à verser pareille somme dans la caisse des hospices de Paris. Cette dernière prescription viole les principes admis en matière de confiscation. Nous avons montré dans un chapitre précédent que, lorsque le législateur a entendu faire porter la confiscation non seulement sur la chose saisie, mais à défaut de saisie sur la valeur de l'objet, il l'a exprimé formellement; hors ces cas exceptionnels, la confiscation ne peut être prononcée par voie de condamnation personnelle au paiement de la valeur représentative des objets non rapportés. On objectera que la saisie est impossible en cas de corruption et que par suite la disposition des articles 180 et 364 se trouve dépouillée de toute valeur pratique. Sans doute, lorsque c'est une somme d'argent qui forme le prix de la corruption ; mais ce n'est certainement pas cette hypothèse que le législateur de 1810 a considérée ; en édictant la confiscation il avait en vue que le prix de la corruption consisterait le plus souvent en objets matériels qui ne disparaîtraient pas dans le patrimoine du coupable, qui seraient retrouvés en nature entre ses mains et qui pourraient être saisis, comme il est arrivé dans une espèce soumise à la Cour de cassation le 10 août 1854 (*Bull. crim.*, n° 254).

Quant aux recettes provenant d'une représentation illicite, leur saisie ne présente aucune difficulté, c'est le préliminaire ordinaire de l'action intentée par l'auteur. Sans elle d'ailleurs, il serait bien difficile d'évaluer la recette et partant le préjudice (Rauter, *Droit criminel*, t. 1, n° 563).

Si l'on se demande maintenant quel est le caractère propre de la confiscation dans le cas qui nous occupe, il semble bien que ce soit celui de peine, puisqu'une somme d'argent ne présente par elle-même rien de prohibé. Le doute n'est pas possible lorsqu'il s'agit de la confiscation prévue par les articles 180 et 364 du Code pénal ; la confiscation sera prononcée contre le seul coupable à la suite d'un jugement de condamnation ; elle jouera le rôle de peine complémentaire. Lorsqu'il s'agit au contraire de la confiscation des recettes prévue par les articles 428 et 429, la question est plus délicate ; on retrouve ici la controverse qui s'élève dans tous les cas de contrefaçon : les uns considèrent la confiscation comme une réparation civile, les autres comme une peine. Tout le monde convient néanmoins qu'elle ne peut être prononcée dans le cas où le prévenu est renvoyé de la plainte à raison de sa bonne foi (Pouillet, *Prop. litt.*, n° 854). C'est qu'ici la confiscation n'est pas une sanction nécessaire du monopole de l'auteur, car l'atteinte que lui fait subir le délit de représentation illicite cesse avec le délit lui-même ; dès que le prévenu est déclaré non coupable, la possession de la recette se trouve légitimée entre ses mains ; la confiscation est donc ici une peine proprement dite (Mangin, t. II, n° 280 ; Lainé, n° 445). Nous devons en conclure que le tribunal ne peut se dispenser de la prononcer, alors même que la pièce exécutée illicitement ne forme qu'une partie du spectacle. On a soutenu cependant que la somme sur laquelle porte la confiscation étant divisible, le juge peut opérer une ventilation des recettes entre les œuvres qui ont figuré au programme. Nous ne croyons pas que les termes des articles 428 et 429 autorisent cette ventilation. La confiscation est toujours dans notre droit une mesure de rigueur ; il n'appartient pas aux juges de la modérer.

De cette étude, l'idée se dégage que la confiscation spéciale peut poursuivre deux buts différents, qu'on peut en envisager le fonctionnement à deux points de vue bien distincts.

Ou bien elle se comprend comme une mesure de protection sociale destinée à faire cesser le danger que présente la possession de choses nuisibles ou illicites qu'il s'agit de faire disparaître ou de faire passer en d'autres mains.

Ou bien la confiscation nous apparaît comme une peine pécuniaire s'ajoutant à une autre peine pour la compléter ou l'aggraver.

De ces deux rôles, le premier a une importance indiscutable : il ne peut venir à l'esprit de personne de contester la légitimité de la confiscation édictée comme mesure de police. A raison de la nature des objets qu'elle frappe, elle s'impose nécessairement comme la seule mesure possible et efficace, comme le seul moyen d'arriver à la réparation exacte du trouble social qui résulte de la circulation de certains objets.

L'utilité de la confiscation en tant que peine proprement dite est moins évidente. Sans parler ici des critiques bien connues que l'on a dirigées contre les peines pécuniaires, on peut se demander si l'amende, qu'elle accompagne presque toujours, n'est pas un moyen de répression suffisant, puisque ces deux peines se résument l'une et l'autre en la perte d'une certaine valeur ; on peut se demander aussi si l'amende ne présente pas sur la confiscation des avantages. Il est indiscutable que la confiscation purement pénale pourra, en bien des cas, être illusoire ; nous avons vu qu'elle n'était vraiment efficace qu'après une saisie ou tout au moins une description minutieuse, qu'il n'appartenait pas aux juges de contraindre pécuniairement le condamné à rapporter l'objet sujet à confiscation, lorsque cet objet a été laissé en sa possession. Ce sont là des inconvénients qui ne se retrouvent pas dans l'amende dont le paiement est assuré par une garantie très forte, la contrainte par corps. Mais à côté de ces inconvénients que d'avantages ! D'une part, le fonctionnement de la confiscation est très simple, il évite l'emploi si fâcheux de la contrainte par corps ; d'autre part il faut remarquer que, dans la plupart des cas où la confiscation joue le rôle de peine complémentaire, elle porte sur les objets qui ont servi à la perpétration du délit, comme il arrive en matière de chasse, de pêche, de douanes, de forêts et il faut bien reconnaître alors qu'elle ne sert pas seulement à punir le coupable, mais aussi à *prévenir* une nouvelle faute. Il est certain qu'en enlevant au condamné les instruments qui lui ont servi à commettre un délit, on lui enlève par là même l'occasion d'en commettre un nouveau. On peut regretter que le législateur de 1810 n'ait pas cru devoir prescrire, dans tous les cas, par une disposition générale, comme l'ont fait certains législateurs étrangers, la confiscation des instruments qui ont servi à commettre une infraction. Il y aurait là, peut-être un moyen efficace de combattre la récidive qu'on nous permettra d'appeler occasionnelle.

Si nous jetons maintenant un coup d'œil sur l'ensemble de notre législation, il faut reconnaître qu'elle est extrêmement vague ; pas de lignes générales, pas même de points de repère parmi les textes si nombreux qui prescrivent la confiscation. Il y a plus, les textes fondamentaux en la matière, les articles 11, 464, 470 du Code pénal contiennent des inexactitudes manifestes, de telle sorte que le point de départ lui-même est faussé. Les auteurs, la jurisprudence ont dû construire presqu'en entier la théorie que nous avons essayé d'exposer et on ne peut s'étonner dès lors des divergences que nous avons signalées sur presque tous les points ; elles tiennent à n'en pas douter à l'absence de toute règle générale législativement consacrée.

On ne peut sans doute attendre du législateur une théorie complète sur un point aussi spécial. Tout au moins pourrait-on lui demander une rédaction plus exacte de l'article 11 du Code pénal, la suppression de la phrase qui semble supposer que le corps du délit ne peut être confisqué que si la propriété en appartient au condamné, la suppression même de l'expression corps du délit qui prête à bien des équivoques et que le Code pénal d'Italie du 30 juin 1889 a très judicieusement exclue de son article 36. Il faudrait aussi qu'une loi fît cesser les controverses déconcertantes que nous avons rencontrées à propos de la confiscation attachée à la protection de la propriété artistique et littéraire. L'occasion se présentait en 1895 ; la loi du 9 février n'a par malheur rien fait pour éclaircir le sujet et condamner le système vraiment trop peu scientifique de la Cour de cassation.

Vu :

Le Président de la thèse,

A. LEPOITTEVIN.

Vu :

Le Doyen,

COLMET DE SANTERRE.

Vu et permis d'imprimer.

Le Vice-Recteur de l'Académie de Paris,

GRÉARD.

TABLE DES PRINCIPAUX TEXTES

AYANT TRAIT A LA CONFISCATION SPÉCIALE

Code pénal.

Articles

11. —

176. — Commerce illicite de vins, grains et boissons.

180. — (L. du 4 juillet 1889). Corruption.

287, 477, § 3. — Écrits ou gravures contraires aux mœurs (L. sur la presse. 29 juillet 1881, art. 28).

314. — Port et fabrication d'armes prohibées (Ordonn. du 23 mars 1728. — L. 24 mai 1834 sur les détenteurs d'armes et munitions de guerre. — Ordon. du 23 février 1837. — L. du 14 août 1885 sur la fabrication et le commerce des armes et munitions non chargées, art. 12).

318, 477, § 4. — Comestibles gâtés ou nuisibles (L. 27 mars 1851 tendant à la répression la plus efficace de certaines fraudes dans la vente des marchandises, art. 5. — L. 5 mai 1855 qui déclare applicables aux boissons les dispositions de la loi du 27 mars 1851).

364. — L. 13 mai 1863. Faux témoignage.

410, 477, § 1. — Jeux et loteries.

423. — L. 13 mai 1863. Tromperies dans les ventes (L. 19 brumaire an VII sur la garantie des matières d'or et d'argent, tit. 8).

427, 428, 429. — Sur la propriété artistique et littéraire.

464, 470. —

Articles

471, § 2. 472. — Défenses relatives aux feux d'artifice.
479, §§ 5 et 7. — Faux poids et fausses mesures.
481. — Devins et pronostiqueurs de songes.

Code forestier.

81, 103, 154. — Confiscation des bois.
146, 198. — Confiscation des scies, haches et autres instruments.

Chasse.

L. 3 mai 1844.

4. — Confiscation du gibier vendu ou colporté en temps prohibé.
16. — Confiscation des armes et engins.

Pêche fluviale.

L. 15 avril 1829.

5, § 2, 29 et 40. — Confiscation des engins et filets de pêche.
30, 42 et 43. — Confiscation des poissons qui n'ont pas la dimension fixée par les ordonnances.

Douanes.

L. 6-22 août 1791, tit. 12.
L. 15 août 1793, art. 1.
L. 4 germinal an 11, tit. 12, art. 10.
Décr. 8 mars 1811.
Décr. 17 décembre 1814, art. 15.
L. 28 avril 1816, art. 41 et 51.
L. 21 avril 1818, tit. 6, art. 34 et suiv.
Arrêté 31 mars 1849 et décr. 6 novembre 1852.
Décr. 31 décembre 1889 et l. 28 avril 1893, art. 45.

Contributions indirectes.

1° *Boissons.*

L. 28 avril 1816, tit. 1er, art. 19 et suiv.

L. 24 juin 1824.

L. 21 juin 1873, art. 12.

2° *Tabacs.*

Décr. 1er germinal an XIII, art. 4 et suiv., art. 35.

L. 28 avril 1816, tit. V, art. 215 et suiv.

Décr. 1er octobre-20 novembre 1872 modifiant l'ordonn.
du 31 décembre 1817.

3° *Cartes.*

L. 28 avril 1816, tit. 3, art. 166 et 167.

4° *Allumettes.*

L. 2 août 1872.

L. 27 juillet 1875, art. 2.

L. 28 décembre 1880.

5° *Poudres et salpêtres.*

L. 13 fructidor an VI, art. 21 et 36.

Ordonn. du 25 mars-2 avril 1818.

L. 2-5 juin 1875.

L. 8 mars 1875.

Décr. 21 mai 1886, art. 9.

6° *Sucres.*

L. 31 décembre 1873, art. 3.

7° *Sel.*

L. 24 avril 1806, art. 57.

Décr. 20 novembre 1806.

L. 17 décembre 1814, art. 30 et 34.

8° Savons, acide stéarique et bougies.

Décr. 1er avril 1811.
Décr. 18 septembre 1811.
L. 31 décembre 1873, art. 4 et suiv.
Décr. 8 janvier 1874.

Octrois.

L. 27 vendémiaire an VII.
L. 27 frimaire an VIII.
L. 28 avril 1816, tit. 2.
L. 24 mai 1834, art. 9.

Contrefaçon.

L. 28 juillet 1824 réprimant les usurpations de noms sur les objets fabriqués.
L. 9 février 1895 sur les fraudes en matière artistique.
L. 6 juillet 1844 sur les brevets d'invention, art. 40.
L. 23 juin 1857 sur les marques de fabrique et de commerce, art. 14.

TABLE DES MATIÈRES

Pages

PRÉLIMINAIRES. — Abolition de la confiscation générale.   1

CHAPITRE   I. — **Notions historiques sur la confiscation spéciale.**   7

CHAPITRE   II. — **Des choses sujettes à confiscation.** .   16

CHAPITRE   III. — **A qui sont attribués les objets confisqués**   22

CHAPITRE   IV. — **Caractère de la confiscation spéciale.**   31

CHAPITRE   V. — **De la confiscation édictée comme peine proprement dite. — Conséquences**   59

§ 1. — La confiscation ne peut être prononcée que contre un individu déclaré coupable et condamné   59
§ 2. — La confiscation ne peut être prononcée contre les héritiers du prévenu   62
§ 3. — La confiscation ne peut atteindre les personnes civilement responsables de l'infraction   64
§ 4. — Dans le cas où la confiscation porte sur le corps du délit, elle ne peut être ordonnée que si l'objet dont il s'agit appartient au condamné.   70

CHAPITRE   VI. — **De la confiscation édictée comme mesure de police. — Conséquences** . .   75

§ 1. — La confiscation doit être prononcée même en cas d'acquittement du prévenu, si le délit matériel est constant   75
§ 2. — La confiscation doit être prononcée même si le délinquant est inconnu.   88
§ 3. — La confiscation doit être prononcée après la mort de l'inculpé contre ses héritiers   91

§ 4. — Elle peut l'être contre les personnes civilement responsables 98

§ 5. — Elle doit l'être même si le corps du délit n'est pas la
propriété du délinquant. 100

CHAPITRE VII. — **Effet sur la confiscation des articles 463 du Code pénal et 365, § 2, du
Code d'Instruction criminelle.** . . . 103

CHAPITRE VIII. — **Une saisie préalable est-elle nécessaire pour que la confiscation puisse
être prononcée** 109

CHAPITRE IX. — **Le juge peut il substituer à la confiscation une condamnation en argent
de la valeur des objets confisqués** . 114

CHAPITRE X. — **Quels tribunaux peuvent prononcer
la confiscation** 119

APPENDICE. — Cas spécial où la confiscation porte sur une somme
d'argent. — Conclusion 124

TABLE des principaux textes ayant trait à la confiscation spéciale. 133

Imp. G. Saint-Aubin et Thevenot. — J. Thevenot, successeur, Saint-Dizier (Hte-Marne).

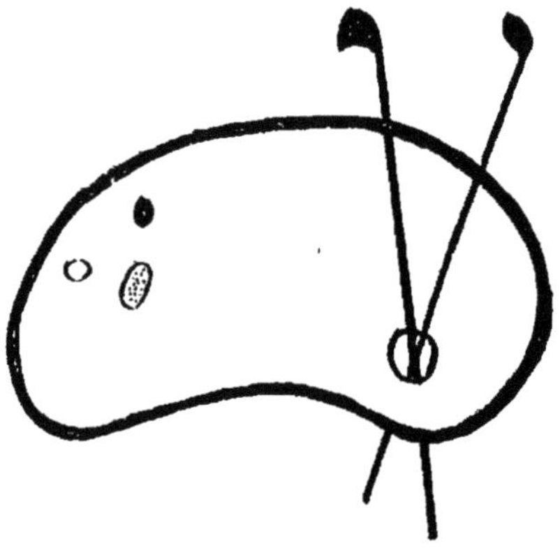

www.ingramcontent.com/pod-product-compliance
Ingram Content Group UK Ltd.
Pitfield, Milton Keynes, MK11 3LW, UK
UKHW022230120726
13694UKWH00002B/775